# 마법의 도시 야이누
## 잉카의 신화와 전설

프란시스코 카란사 지음 / 송병선 옮김

문학과지성사
1998

잉카의 신화와 전설
**마법의 도시 야이누**

지은이 / 프란시스코 카란사
옮긴이 / 송병선
펴낸이 / 김병익
펴낸곳 / 문학과지성사

등록 / 1993년 12월 16일 등록 제 10-918호
주소 / 서울 마포구 서교동 363-12호 무원빌딩 4층 (121-210)
전화 / 편집부 338)7224~5 · 7266~7 팩스 / 323)4180
영업부 338)7222~3 · 7245 팩스 / 338)7221

제1판 제1쇄 / 1998년 10월 30일

값 7,000원
ISBN 89-320-1030-7

ⓒ 송병선
옮긴이와 협의에 의해 인지는 생략합니다.
이 책의 판권은 옮긴이와 문학과지성사에 있습니다.
양측의 서면 동의 없는 무단 전재 및 복제를 금합니다.

잘못된 책은 바꾸어드립니다.

# 마법의 도시 야이누

### 잉카의 신화와 전설

## 책머리에

  이 이야기 모음집의 제목은 『마법의 도시 야이누』입니다. 그래서 '야이누'란 이름에 관해 몇 가지 설명을 하고자 합니다. 야이누는 고대 차빈 문화가 싹텄던 지역에서 유래하는 단어입니다. 케추아어는 여러 방언들로 구성되어 있는데, 이곳에서 사용하는 케추아어는 가장 역사가 오래된 것으로 알려져 있습니다. 야이누란 말은 '위대함'과 '풍요'를 뜻합니다. 다시 말하면, 유럽 연대사가들이 수없이 말해왔던 '엘도라도'에 상응하는 말입니다.

  지역적으로 살펴볼 때 야이누는 키타락사의 원주민 공동체가 자리잡고 있는 조그만 계곡을 일컫습니다. 이곳은 리마 북쪽에 있는 블랑카 산맥의 만년설로 뒤덮인 산 아래에 위치하고 있습니다. 또한 신화적으로는 원주민들의 삶의 원칙들을 바꾸고 파괴하려는 이방인들을 피해 깊은 산속에 숨은 부락을 일컫기도 합니다. 그러나 현재의 야이누는 문명 세계의 시간과 공간의 법칙을 초월해 살고 있는 부락을 의미합니다. 키타락사의 주민들은 바로 이런 부락의 존재를 확인시켜주는 증인들입니다.

『마법의 도시 야이누』는 두 메시지를 갖고 있습니다. 하지만 이것들은 분리되는 것이 아니라 서로 연결되면서 보충됩니다.

첫번째 메시지는 야이누라는 세계가 돌아오면 위험에 처한 이 세상이 다시 정돈될 것임을 예시합니다. 즉 부정과 거짓과 이기주의가 판치고 있는 이 세상이 정의와 진실과 협동이 지배하는 원상태로 회복될 것을 의미합니다. 이것은 인간과 자연의 정당한 평가는 조용하면서도 천천히 실현될 것이라는 안데스 원주민들의 세계관을 보여줍니다. 저희 할아버지는 야이누에 관해 말하면서, "이것은 우리 원주민들이 항상 우리 마음속에 간직한 꿈의 세계란다"라고 말씀하셨습니다. 야이누가 돌아온다는 것은 우리들 마음의 문제이며, 각자의 노력을 통해서만 이루어진다는 것을 뜻합니다. 그러므로 이것을 찾지 않는 사람에게는 절대로 드러나지 않습니다.

두번째 메시지는 화자들이 야이누를 '본' 후에 수많은 이야기를 갖고 돌아온다는 것입니다. 그들은 다른 사람들이 그들이 본 것을 함께 누리도록 경험을 공유하고자 합니다. 이렇게 이야기를 하면서 할아버지뿐만 아니라 손자도 동일한 감격과 고통과 희망을 느낍니다. 그들은 바로 안데스 세계를 구성하는 부분들이기 때문입니다.

이제 멀게만 느껴지던 안데스의 세계가 한국 독자들에게 소개됩니다. 저는 이 책을 통해 한국인들이 안데스 산지의 주인공들이 겪은 모험에 동참하기를 바랍니다. 또한 여러분들은 마녀 아치카이나 환웅과 같은 신화가 한국의 신화와 너무나 유사해서 놀랄지도 모른다는 생각을 해봅니다.

저는 어린 시절과 청춘 시절을 안데스 산지에서 보냈고, 지금은 한국에서 살고 있습니다. 그러면서 이런 경험이 헛되지 않았다는 사실에 만족을 느낍니다. 저는 이 책으로 케추아 문화와 한국 문화를 서로 연결시키는 꿈을 실현시킨 것입니다. 하지만 이것은 지리적으로 멀리 떨어져 있지만 여러 면에서 서로 공통된 요소를 지니고 있는 두 나라를 근접시키려는 제 시도의 시작에 불과할 뿐입니다.

1998년 10월
프란시스코 카란사 로메로

## 옮긴이의 말

'케추아족'이란 말은 우리에게 매우 생소합니다. 하지만 그들이 바로 잉카 문명이나 잉카 제국을 이루어놓은 사람들이라고 말한다면, 우리는 그들이 누구인지 쉽게 알 수 있을 것입니다. 이런 점에서 이 책에서 다루는 케추아의 신화와 전설은 곧 잉카의 신화와 전설을 의미합니다.

그럼 케추아족은 누구일까요? 백과사전을 뒤적여보면 그들은 케추아어를 사용하며, 잉카 문화의 본거지인 페루뿐만 아니라 에콰도르, 볼리비아, 칠레를 비롯하여 콜롬비아와 아르헨티나의 일부에도 살고 있는 원주민이라고 나와 있습니다. 그리고 그들은 대부분 잉카 제국이 멸망하기 전까지 잉카족들의 지배하에 놓여 있었다고 알려져 있으며, 그들이 사용하는 케추아어는 잉카 제국의 공식 언어였다고 적혀 있습니다.

하지만 이 정의를 자세히 살펴보면 몇 가지 의문점이 생깁니다. 일반적으로 정복자는 자신들의 언어를 피정복자에게 강요하게 마련입니다. 그런데 잉카 제국은 왜 케추아어를 자신들의 공식 언어로 채택했을까요? 또한 케추아족은 페루를 비롯한 남아메리카에 광범위하게 퍼져 있다고 하는데, 그들은 단일 언어를 사용하고 있을까요? 그리고 잉카족과 케추아족은 무슨 차이가 있을까요? 케추아어가 잉카족의 언어라면, 잉카족이 정말로 페루, 볼리비아, 에콰도르, 칠레와 콜롬비아, 아르헨티나의 일부까지 지배했을까요?

이런 점에 관해서는 아직도 학술적인 논의가 계속되고 있습니다. 그러나 일반적으로 수용되는 견해를 중심으로 이런 의문을 하나씩 해결해보고자 합니다. 우선 '케추아'란 말이 어떻게 탄생되었는지를 살펴보겠습니다. 1532년에 스페인 군인들은 안데스 산맥을 넘어 다양한 민족으로 구성된 잉카 제국을 공격했습니다. 스페인 군인들은 쿠스코를 중심으로 잉카 제국에 살던 사람들이 사용하던 말을 '잉카의 공용어'라고 생각했고, 이 언어를 '케추아어'라고 불렀습니다. 하지만 원주민들의 언어를 '케추아'라는 이름으로 부른 것은 스페인 사람들의 실수였습니다. '케추아'란 말은 원주민의 언어로 '따뜻한 계곡'을 의미하기 때문입니다. 그들은 원주민들이 '케추아시미'(따뜻한 계곡의 말)라고 일컫는 것을 언어명으로 혼동했던 것입니다. 콜럼버스가 우연히 아메리카를 발견한 것처럼, 안데스의 원주민과 그들의 언어를 지칭하는 '케추아'라는 말도 스페인 군인들의 실수로 탄생된 것입니다.

사실 스페인 군인들의 침공이 시작되기 전에, 안데스 산지에서 널리 쓰이던 원주민의 말에는 이름이 없었습니다. 아직도 케추아어 사용자들은 자기들의 말을 '루나시미'라고 부릅니다. 이 말은 '인간의 말'이라는 뜻이지만, 그 의미는 다양한 해석을 가능하게 합니다. '루나'는 안데스 지역의 인디언 원주민들을 뜻하는 동시에 '사람'을 뜻합니다. 우리는 종종 "사람이라고 모두가 사람은 아니다"라는 표현을 씁니다. '인간의 말'이라는 케추아어도 이것과 똑같은 의미를 지니고 있습니다. 그렇기에 이 책에 실린 신화와 전설에는 바로 '사람이 되기 위한' 내용이 많이 들어 있습니다.

이제 잉카족의 언어에 관해 알아보겠습니다. 잉카족은 분명히 케추아족과는 다릅니다. 이것은 잉카의 전설에서도 확인됩니다. 그 중에서도 대표적인 탄생 신화로 간주되는 '성스런 부부'를 예로 들어보겠습니다. 이 전설에 의하면, 잉카 제국의 시조인 망코카팍과 마마오크요는 티티카카 호수의 물거품에서 탄생되었다고 합니다. 이것은 그들이 페루와 볼리비아의 국경 지대에서 탄생했으며, 케추아어가 아닌 다른 언어를 사용했음을 보여주는 증거입니다. 당시 케추아어는 앙카쉬, 리마, 쿠스코, 이카 지방을 중심으로 사용되었는데, 이 지역들은 티티카카 호수에서 상당히 떨어져 있는 곳이기 때문입니다.

잉카족은 그들의 언어를 갖고 있었습니다. 하지만 그것은 잉카 제국의 지배 계급이었던 잉카족들만 사용하던 언어였기에, 그들의 지배를 받는 원주민들은 알아들을 수 없었습니다. 이후 스페인의 정복 전쟁이 시작되어 잉카 제국이 멸망하자, 그들의 언어도 함께 사라지고 말았습니다. 그런데 왜 잉카족은 지배 계급인 자신들의 언어가 아니라, 피지배층의 언어인 케추아어를 공식어로 채택했을까요?

이 점에 관해서도 많은 의견이 있습니다. 가장 일반적인 견해에 따르면, 잉카족은 소수 지배 계급이었고, 따라서 그들만 아는 언어로 자기들

끼리 비밀리에 의사를 전하고자 했기 때문입니다. 다시 말하면, 그들만의 언어를 통해 지배 계급이 단합하고 결속하여 영속적인 통치 계급으로 남아 있고자 했던 것입니다. 바로 이런 언어 정책 때문에 잉카 제국의 공식어, 혹은 일반 언어는 케추아어가 된 것입니다.

잉카족이 세력을 확장하면서 공식어인 케추아어도 널리 전파되게 됩니다. 또한 카톨릭 선교사들은 스페인 통치하에서 원주민에게 복음을 보다 효과적으로 전하기 위해 케추아어를 필요로 하게 됩니다. 이렇게 피지배 계급의 언어였던 케추아어는 에콰도르, 아르헨티나, 볼리비아를 비롯한 아마존 지역까지 널리 퍼지게 됩니다. 다시 말하면, 통치 계급의 언어를 소수 특권 계급의 전유물로 남겨둔 채 원주민의 언어를 통해 원주민을 효과적으로 통치하려 했던 잉카 제국과 효율적으로 복음을 전파하려고 했던 카톨릭 신부들에 의해 케추아어는 페루라는 제한된 공간을 넘어 여러 나라로 세력을 확장하게 되었던 것입니다. 지배 계급에 의해 피지배 계급의 언어가 확산된다는 것, 이것이야말로 바로 역사의 아이러니가 아닐까요?

이제 한 가지만 덧붙이면서 케추아어와 케추아족에 관한 것을 마감하려고 합니다. 케추아어는 굉장히 다양한 방언을 지니고 있습니다. 케추아어 연구자들은 크게 케추아어 1이라고 부르는 '중앙 케추아어'와 케추아어 2라고 불리는 '변방 케추아어'로 나눕니다. 잉카 제국의 수도였던 쿠스코를 중심으로 쓰인 케추아어는 '변방 케추아'에 속하는 '친차이' 방언에 속합니다. 그리고 실제로 가장 널리 쓰이고 있는 말이기도 합니다. 그러나 이 책에서 사용하는 방언은 '중앙 케추아'에 속하는 '왈라이' 방언이며, 이것은 여러 케추아어들 속에서 가장 오래된 역사를 지니고 있습니다. 이 언어들은 어원적으로는 한뿌리이지만, 서로 의사를 소통할 수는 없다고 합니다. 케추아어 연구자들에 의하면, '변방 케추아'는 잉카와 스페인의 식민지를 거쳐오면서 많이 변화되었지만, '중앙 케추아'는 비교적 순수하게 보존되고 있다고 합니다.

*　　*　　*

엄격히 말하자면 케추아족의 신화는 전(前)잉카 제국의 신화입니다. 특히 이 책에서 다루는 지역은 잉카의 수도였던 쿠스코를 중심으로 전개되는 것이 아니라, 앙카쉬 주(州)의 신화에 바탕을 두고 있습니다. 이곳은 소위 전잉카 제국의 문화 중에서 가장 화려했던 '차빈' 문화가 발달한 곳이었습니다. 그래서 '페루 원주민 문화의 어머니'라고 일컬어지고 있습니다. 즉 안데스 산지의 여러 신화 중에서도 가장 오래되었으며 그 신화들의 모태가 된 것입니다.

저는 케추아에 관한 자료를 찾아보기 위해 인터넷에 들어가본 적이 있습니다. 탐색란에 'quechua'를 쓰자, 수많은 정보가 나왔습니다. 하지만 제가 정작 필요로 하는 케추아 문학이나 전설에 관해서는 많은 것이 없었습니다. 케추아어 강의가 대부분이었기 때문입니다. 언뜻 생각하면 이것은 케추아 문학이나 전설이 별로 없거나 상대적으로 중요하지 않기 때문인 것처럼 보입니다. 하지만 잉카 문명의 중요성을 기억하면서 그 문화의 근간을 이루었던 것이 케추아어나 케추아인들임을 떠올린다면, 이런 생각은 잘못된 것이라는 사실을 금방 깨닫게 됩니다.

그런데 왜 이것에 관한 자료가 많이 없을까요? 이런 의문은 이 책의 서술 형태를 보면 쉽게 알 수 있습니다. 프란시스코 카란사 교수가 밝히고 있듯이, 이 책에 담긴 내용은 케추아 부족에게 대대로 전해내려온 신화이며 전설입니다. 이것은 그들의 신화와 전설이 그리스나 로마, 혹은 서양에서 생각하듯이 문자로 전해내려온 것이 아니라, 조상들의 입과 입을 통해 전해진 것임을 의미합니다. 다시 말하면 구전 형태로 작성된 텍스트이며, 노래와 춤과 종교 의식과 같은 비문학적 방법을 통해 이어져내려온 것입니다.

이런 의미에서 이 책의 작가는 프란시스코 카란사이지만, 이것은 특정 작가의 개인적 산물이 아니라 그가 속해 있던 원주민 공동체의 작품이라고 말할 수 있습니다. 이것들은 원래 있던 이야기가 오랜 세월을 거쳐 내려오면서 집단적으로 흡수되고 현실에 맞게 동화되어 만들어진 것입니다. 그래서 케추아의 신화와 전설들을 살펴보면 재미있는 현상이 발생합니다. 본래의 구조는 거의 일치하지만, 세세한 요소들은 원주민 공동체에 따라 각각 다르게 나타납니다. 그러나 이것은 이야기를 듣고 해석한 사람이 다시 이야기를 들려주고, 그 이야기를 들은 사람은 다시 각자의 상황에 맞추어 재해석하거나 덧붙이며 변형하는 과정이 수백 년 간 반복되어 왔음을 생각해보면 전혀 이상할 것이 없습니다. 그래서 서양의 산물인

'작가'라는 개념은 케추아 신화와 전설 혹은 문학에서 그리 중요하지 않습니다. 이것은 문자를 통해 전승되어온 것이 아니라 원주민들의 기억에 의해 보존된 문화이기 때문입니다.

여기에 실린 글들은 모두 케추아의 구전에 뿌리박고 있습니다. 그래서 구수한 옛날이야기처럼 모든 것이 물 흐르듯이 자연스럽게 전개됩니다. 또한 구전에 의한 것이기에 많은 경우에는 불완전하고 단순하기조차 합니다. 하지만 여기에 실린 신화와 전설은 그것들을 창조한 사람들의 삶을 그대로 보여줍니다. 다시 말하면, 잉카의 지배를 받고, 스페인 사람들에게 착취당하고 지금은 서구 자본주의에 희생되는 원주민들의 웃음과 눈물, 공포와 기쁨 등이 점차로 그들의 신화와 전설 속에 삽입되면서, 그들이 살고 있는 현재의 삶을 생생하게 전해줍니다.

원주민의 공동 창작 탓인지, 여기에는 온실에서나 자라는 귀한 식물은 전혀 등장하지 않습니다. 다시 말하면 엘리트적인 분위기를 전혀 풍기지 않습니다. 반면에 대부분 안데스 산지의 밭이나 산에서 흔히 볼 수 있는 식물이나 동물들이 나타납니다. 그러나 이런 동식물들은 단순한 관찰의 대상이 아니라, 원주민의 삶과 생동적인 관계를 맺으며 원주민 생활의 일부분을 구성합니다.

프란시스코 카란사 교수의 책을 읽다 보면, 케추아족의 순수한 전설 속에 서양적 요소들이 삽입되었다는 느낌을 가끔씩 받게 됩니다. 이것은 지하 세계로 숨어들어가야만 했던 그들의 신화와 전설이 우상을 배척하던 스페인 통치와 싸우기 위한 방법이었습니다. 마찬가지로 그들의 문화도 서구의 악기나 문화를 받아들이면서 살아남았습니다. 그러나 이런 서구의 요소들의 수용이 원주민 신화와 전설의 본래 의미를 상실하게 만든 것은 아닙니다. 그것들은 그들의 신화와 전설의 전체적 구조나 본질을 변형시키지 못한 채, 단순한 장식적 요소로만 사용되었기 때문입니다. 따라서 외래 문화의 삽입은 그들이 처했던 최근 500년의 상황을 자신들의 이야기 속에서 형상화하려는 노력이며, 또한 서구적 요소들을 겉으로만 내세우며 속으로는 자신들의 정체성을 유지하려는 의지의 산물로 보아야 할 것입니다.

이렇게 케추아의 신화와 전설 속에서 우리는 인간들의 운명이나 전설적 요소의 공통점뿐만 아니라, 서구의 문명에 희생된 문화가 어떻게 살아남는지에 관한 교훈을 발견할 수 있을 것입니다.

마지막으로 케추아의 신화와 전설을 번역하면서 가장 힘들었던 점은 케추아 문화에 관한 기본 지식이 없었던 탓에, 그들의 토착 문화에 뿌리박고 전개되는 몇몇 부분을 이해하는 것이었습니다. 또한 종종 나오는 케추아어의 발음과 그 의미를 포착하는 것도 쉽지는 않았습니다. 이런 연유로 옮긴이는 카란사 교수에게 수시로 질문하면서 괴롭혔습니다. 이런 옮긴이에게 케추아인의 인내와 관용으로 항상 친절한 대답과 설명을 아끼지 않으신 카란사 교수에게 심심한 감사를 표합니다.

1998년 10월

송 병 선

**차례**

책머리에 5
옮긴이의 말 8

제1부 이 책을 읽기 전에
할아버지의 이야기 21

제2부 세상의 기원에 대하여
이 세상은 누가 만들었을까 29
사람은 어떻게 생겨났을까 31
사람이 지혜를 갖게 된 까닭 33
한 하늘 속 두 개의 태양 37
악어새 이야기 39
세상을 거꾸로 만든 개똥지빠귀 44
불의 기원 49
소금이 태어나게 된 사연 53
달에는 쿠리가 산다 57

개미는 어떻게 생겨났을까   61
커다란 바위를 다듬은 케추아족의 비밀   69
은하수 탄생의 비밀   73


제3부 케추아족은 누구일까
케추아족, 천둥의 아들   91
케추아족은 곰의 자손   105
니나 당나귀   127
저주받은 영혼을 구하는 법   131
케추아 여자들이 혼기를 지키는 이유   136
호수에 비친 케추아인의 모습   144


제4부 우리가 모르는 세상의 이야기
파차마마의 또 다른 후손들   151
아이라의 전설   159
바보와 수파이   168

저주받은 영혼의 땅과 악마의 꽃　173
영원의 도시 야이누　182
야이누의 콘도르가 돌아오면　188
귀신 나무의 정체　190
코카에 담긴 사연　192
사람과 뱀과 여우　198
두꺼비와 여우　203
시간 속의 기억　207
개똥지빠귀의 사랑　211
파파쿠루　215
감자 · 옥수수 · 콩　220
사람은 모든 것을 할 수 있다　226
아기 마누엘리토　231
우리가 모르는 세상　239

제1부
이 책을 읽기 전에

# 할아버지의 이야기

　이 책에 수록된 이야기는 안데스 산지에 사는 케추아 부족의 신화와 전설입니다. 우선 나는 이 책에서 말하고 있는 수많은 이야기가 어디에서 나왔는지를 소개하고자 합니다. 이 이야기들은 내가 나이 많은 분들에게 들은 것이고, 또한 그들은 그들보다 연세가 많은 분들에게 들은 것입니다. 이 책은 이렇게 지금까지 우리 케추아 부족에게 대대로 전해내려오는 이야기입니다.

　우리 할아버지는 에울로히오 로메로 비야누에바 캄포마네스 블라스 루미 히르카…… 라는 굉장히 긴 이름을 갖고 있습니다. 하지만 나중에는 '타이타이울류'라는 이름으로 불렸습니다. 그는 시골의 커다란 농장에서 태어났습니다. 그가 태어날 당시 이미 약삭빠른 사람들은 케추아 부족의 땅을 나누어 가졌고, 그들은 소작인들에게 자기의 성을 따를 것을 강요했습니다. 스무 살이 되었을 무렵, 농장 주인은 그가 위험한 생각을 갖고 있는 인물임을 알게 되었습니다.

그리고 그는 다른 청년들처럼 결혼을 했습니다. 신부는 같은 마을 출신의 에우프라시아 프린시페 덱스트레 타라소나 와이라 마르카라는 여인이었습니다. 그녀는 '우흘라'라는 이름으로 불렸습니다. 농장 주인은 할아버지가 결혼을 하면 위험한 생각을 떨쳐버리고 가정에 안주할 것이라고 생각했지만, 그는 결혼 후에도 품고 있던 생각을 바꾸지 않았습니다. 그러자 주인은 경찰들을 시켜 그를 체포하라고 지시했습니다.

경찰들은 할아버지를 붙잡아 손을 꽁꽁 묶은 후, 팔꿈치와 등 사이에 긴 막대기를 집어넣었습니다. 그리고 도청 소재지가 있는 곳으로 향했습니다. 언덕을 오르내리며 꾸불꾸불한 길을 걸은 후, 마침내 강을 가로지르는 다리에 도착하였습니다. 2월은 안데스 산지의 장마철이기 때문에 강에는 많은 물이 흘러내리고 있었습니다. 다리는 세 사람이 나란히 서서 걷기에는 너무 좁았습니다. 그래서 경찰 한 명은 그의 앞에서, 다른 한 명은 뒤에서 따라왔습니다. 경찰들은 그가 절대로 도망갈 수 없다고 확신하였습니다. 그러나 젊은 이울류에게는 절호의 기회였습니다. 그는 야쿠마마(어머니 물)와 모든 정령들과 돌아가신 조상의 이름을 마음속으로 되뇌며 도와달라고 기도했습니다. 그런 다음 갑자기 복통이 난 것처럼 아픈 표정을 지으며 쭈그려앉았습니다. 그리고 재빠르게 상체를 움직여 팔 뒤에 끼고 있던 막대기로 방심하고 있던 경찰들의 다리를 강하게 돌려쳤습니다. 경찰들은 강물로 떨어졌습니다.

그러자 그는 있는 힘을 다해 산으로 도망쳤습니다. 경찰들과의 거리가 충분히 떨어졌다고 생각되자, 그는 뒤를 돌아보았습니다. 경찰들은 폭이 족히 50미터는 될 듯한 강물에 휩쓸려 허우적대고 있었습니다. 그들은 간신히 강가로 빠져나왔지만, 너무나 놀란 나머지 쫓아올 생각은 엄두도 내지 못했습니다. 그들은 새파란 젊은이에게 당한 것이 분해 욕을 퍼부었지만, 하느님의 도움으로 거센 강물에서 목숨을 구한 것만도 다행이라고 생각하는 듯했습니다.

하지만 젊은 이울류는 고향으로 되돌아올 수 없었습니다. 그때 멀리 언덕 사이로 아내가 뒤따라오고 있는 모습이 보였습니다. 그들은 휘파람을 불어 서로 인사를 나누었고, 함께 늪지와 산으로 뒤덮인 계곡으로 향했습니다. 그곳에는 백인들에게 쫓긴 원주민들이 도망치면서 버리고 간 계단식 경작지가 수없이 널려 있었습니다.

"이렇게 해서 여기로 오게 된 것이란다. 우리가 가장 먼저 이곳에 도착한 사람들이지."

할아버지는 내게 이런 말을 수없이 반복했습니다. 그것은 키타락사의 땅이 우리 것이라는 사실을 상기시켜주기 위한 것이었습니다. 하지만 이 땅은 우연히 이곳을 지나던 비야르라는 여행자의 이름으로 등록되었고, 후에 그는 이 땅을 플로레스에게 팔았으며, 플로레스는 자기 딸에게 물려주었고, 그녀는 자기가 죽은 후 영원한 삶을 살 수 있도록 미사를 드려달라는 조건으로 우아일라스 교구에 헌납했습니다. 이렇게 이 땅은 타인의 손을 거쳐 수없이 넘어갔지만, 우리는 아무런 권리도 주장하지 못한 채 주인만 바뀌는 물건처럼 묵묵히 침묵을 지켜야만 했습니다.

그러나 할아버지는 새로운 땅에서도 다른 사람들이 듣지 못하고 보지 못하며 냄새맡지 못하는 것들을 계속해서 듣고 보며 냄새맡을 수 있었습니다. 심지어 그의 아내와 아이들도 이런 진귀한 현상은 그만이 지닌 독특한 것이라고 생각하며 받아들였습니다.

그런데 어느 날 반란 지도자들을 체포하라는 명령을 받은 경찰들이 또다시 그곳에 도착했습니다. 그러자 그들은 연기처럼 사라졌습니다. 그들과 접촉할 수 있는 유일한 수단이었던 아이들은 아침이 되면 양과 염소를 몰고 목초지로 나갔습니다. 그 기간 동안 우리는 꼴 보기 싫은 방문객들이 우리의 기니피그와 닭과 양과 돼지를 마구 먹어치우는 모습을 지켜보았습니다. 그들은 퓨마나 여우처럼 닥치는 대로 아무거나 먹어치우는 사람들이었습니다. 해가 질 무렵이 되면, 대부분의 목동들이 양과 염소를 끌고 마을로 돌아왔습니다. 하지만 몇 명은 검은 밤을 이용해 우리의 반란 지도자들이 숨어 있는 곳으로 가서 먹을 것을 전해주었습니다. 우리는 그곳에서 그들과 함께 밤을 지새우며 미래의 희망과 현재의 두려움에 관해 이야기를 나누었습니다. 그렇게 밤을 지새우는 동안, 이울류 할아버지는 수많은 이야기를 해주셨고, 원주민을 탄압하는 무리와 맞서 싸우는 전략을 가르쳐주셨으며, 어떤 전략이 긍정적인 가능성이 있으며, 어떤 것이 부정적인지를 말해주셨습니다. 그가 말할 때면 모든 사람이 입을 다물었습니다. 우리 부족의 사나이들이 세운 지난날의 무훈은 빠지지 않는 소재였고, 우리는 사나이로서 해야 할 일이 무엇인지를 깨달았습니다. 토끼와 여우와 퓨마들은 자기들의 집을 기쁜 마음으로 우리에게 내주었습니다. 아마 그들도 우리가 원주민 부락을 지키는 것이 그들의 살길이라고 생각했던 모양입니다.

이렇게 밤을 보낸 다음날, 우리는 수많은 이야기를 머릿속에 담고서 땔감과 감자와 풀을 가득 짊어지고 마을로 내려와서 나이 많은 형이나 아저씨들처럼 신중하게 도망친 사람들의 메시지를 전달했습니다. 이 이야기들은 항상 우리의 마음과 정신을 여물게 해주었습니다. 그렇게 우리는 산과 강과 호수, 구름과 별, 식물과 동물들을 비롯한 모든 것이 우리 존재의 일부분이며, 우리 역시 그들의 일부분이라는 사실을 깨달았습니다.

잡초와 키쉬키 나무와 출코〔출코의 열매는 붉은색으로 원주민들이 옷을 염색할 때 사용했으며 신맛이 나는 풀로 안데스 지역에 많음: 옮긴이〕로 뒤덮인 그 동굴들은 우리의 탄식과 희망의 외침이 무엇인지 알고 있었습니다. 할아버지는 수많은 투쟁 끝에 세상을 떠나셨습니다. 그는 지주들과 그들의 편견에서 해방된 우리 부락을 볼 수 없었습니다. 그러나 이 이야기 안에는 마치 우리의 어린 시절처럼 그의 모습은 계속되고 있습니다.

제2부
세상의 기원에 대하여

# 이 세상은 누가 만들었을까

"할아버지, 이 세상은 어떻게 만들어진 거죠?"

치우약파차의 폭포처럼 긴 수염을 한 할아버지는 머리를 긁적였다. 아마도 헝클어진 기억을 정리하려는 것 같았다.

"위대한 창조주 파차카막이 이 모든 것을 만드셨단다. 그분은 아무것도 없는 세상에서 지금 존재하는 모든 것을 만드셨어. 우선 아버지 태양을 창조하셨지. 어린 옥수수처럼 금빛 수염을 달고 있는 멋진 젊은이였어.

그런 다음에는 어머니 달을 만드셨어. 하얀 얼굴과 신비스런 눈빛으로 오묘한 생각을 하시는 은은하고 아름다운 여인이셨지.

세번째로는 웅덩이에 흩어진 곡식알처럼, 천진난만하고 명랑한 별들을 수없이 하늘에 뿌려놓으시면서 말이 없는 어머니 달과 함께 있도록 하셨어.

태양과 달과 별을 비롯해 이 세상의 모든 것을 만든 창조주 파차카막.

이 일을 끝내신 후에, 파차마마(어머니 대지)를 창조해야겠다는 생각이 드셨어. 그리고 파차마마에게 필요한 것들을 준비하면서, 모든 것은 각자 있어야 할 자리가 있다고 생각하셨지. 이렇게 해서 만년설로 뒤덮인 산과 호수와 강과 바다 들이 지금처럼 반드시 있어야 할 곳에 자리를 잡게 되었던 거야.

하늘과 물과 땅이 만들어지자, 물에 사는 물고기, 땅에 사는 동물, 하늘을 나는 새들이 모습을 드러냈어. 화려한 색상과 달콤한 음악들도 세상에 나타나게 되었단다.

창조주께서는 너무도 아름다운 세상을 보시자, 자기가 만든 작품을 사랑하게 되셨어. 그래서 인내를 갖고 정성들여 파차마마를 둥글게 다듬기 시작하셨지. 그런 동안 파차마마는 도예공이신 창조주의 무릎 위에서 이리저리 뒹굴며 행복해하셨단다. 창조주 파차카막은 일을 끝내시자, 파차마마를 거대한 허공 속으로 던져 빙빙 돌리셨지. 하지만 한시도 눈을 떼지 않으시고 파차마마를 보살피신단다."

# 사람은 어떻게 생겨났을까

"할아버지, 그럼 사람들은 어떻게 해서 이 세상에 태어났지요?"

할아버지는 수염을 쓰다듬고 살포시 미소를 지으시며 우리를 바라보셨다. 할아버지는 이야기를 해주시기 전에 잠시 생각에 잠기시곤 했고, 우리는 계속되는 질문에도 하나도 귀찮은 기색 없이 항상 즐겁게 이야기를 들려주시는 할아버지의 얼굴을 바라보곤 했다. 이미 그 이야기를 들은 사람도 있었지만, 우리는 오늘은 어떻게 이야기를 해주실지를 기쁜 마음으로 기다리곤 했다. 언젠가 한번은 우리가 지난번에 들려주신 이야기와 왜 다르냐고 묻자, 할아버지는 이렇게 대답해주셨다. "모든 이야기는 항상 똑같이 반복되는 것이 아니란다. 오늘 말해주는 사람이 어제와 똑같은 사람이 아니기 때문이지."

그럼 사람은 어떻게 이 세상에 태어난 것일까?

많은 사람들은 이렇게 말한다.

"최초의 사람들은 산 한가운데를 관통하는 깊은 동굴에서 나왔단다. 그곳에는 지금 '피니니코'라는 창백한 얼굴의 난쟁이들이 살고 있지. 이 사람들은 땅속의 광맥과 수맥이 어디로 나 있는지 그 누구보다도 잘 알고 있단다."

그리고 이렇게 말하는 사람도 있다.

"인간은 물에서 나왔는데, 지금도 그곳에서는 야쿠루나(수중 인간)와 요정과 코차토루(물소)를 볼 수 있단다. 수중 인간은 원추형의 머리를 하고 있으며, 강물의 흐름을 관장하고 있지. 홍수가 나는 것은 그들이 화가 났기 때문이란다."

또한 이렇게 말하는 사람도 있다.

"사람들은 강한 바람을 타고 하늘에서 내려왔단다. 그래서 자기들이 태어난 별을 쳐다보며 한숨을 짓고, 그들이 가고 싶은 곳으로 가는 구름을 향해 숨을 내쉰단다. 와이루루나(바람 인간)는 우리와 함께 살고 있는데, 이것은 그들이 돌아가는 길을 잊어버렸기 때문이 아니라, 바로 우리와 살기를 원하기 때문이지."

사람이 어떻게 이 땅에 생겨났든지, 우리 모두는 파차마마에서 나왔다. 그래서 우리는 어머니 대지가 주는 것을 먹고 살며, 죽으면 한 줌의 흙으로 되돌아간다. 이런 사람들은 수천 년 간 옥수수 알처럼 서로 뒤섞이면서 지금의 케추아족이 되었다.

# 사람이 지혜를 갖게 된 까닭

파차카막과 수파이(악마. 그가 어떻게 악한 짓을 하느냐에 따라 다양한 이름으로 불려진다. 가령 근친상간을 할 경우는 '차크리,' 악취를 풍길 때에는 '아시악,' 바람을 피울 경우는 '와크라치카,' 화를 낼 경우는 '차피' 혹은 '차핑고'라고 불린다)가 열띤 말싸움을 벌였지만, 끝이 나지 않자 내기를 하기로 했다. 내기는 이미 존재하는 창조물들을 지배할 왕을 누가 훌륭하게 만드느냐는 것이었다.

수파이는 강인한 육체를 지닌 왕을 만들기로 했다. 그래서 단단한 돌을 세공하여 아주 힘센 인형들을 만들었다. 이 인형들은 크고 단단했지만, 따뜻한 마음이 없고 예리한 머리도 없었다. 수파이가 만든 인형들은 그들이 가는 곳마다 파괴를 일삼았다. 그들을 이길 수 있는 자는 아무도 없었다.

파차카막은 이 지구상에 존재하는 모든 생물들의 장점을 고루 갖춘 왕을 만들기로 했다. 그래서 모든 식물과 동물을 불러모아 자기의 계획을 설명하고 그들의 협조를 구하였다.

식물의 제국에서 가장 존경받는 숙녀인 감자가 가장 먼저 침묵을 깨고 말했다.

"저는 제 고갱이를 매일 왕에게 주고, 껍질은 그를 보호하는 데 쓰겠습니다."

감자가 자기의 모든 것을 주겠다는 말을 듣자, 모든 동물과 식물들이 감동했다. 심지어 창조주였던 파차카막조차도 감격에 젖어 사랑스런 시선으로 그녀를 바라보았다. 감자는 가장 사랑받고 가장 존경받는 숙녀라는 호칭에 하나도 모자람이 없었다. 그러자 말 많고 길쭉한 옥수수도 가만히 있지 않았다.

"왕은 틀림없이 저처럼 키가 클 것입니다. 저는 제 털을 왕에게 줄 것이고, 제 알맹이는 그의 이가 되도록 할 것이며, 제 고갱이는 그의 음식이 될 것이며, 제 수액(樹液)은 술이 되겠습니다. 저는 인간들의 모든 파티에 빠지지 않는 음식이 되고 싶습니다."

옥수수는 감격에 젖어 이렇게 말했다.

사람의 식량이 되고 이가 된 옥수수.
15C초에 제작된 것으로 보이는 이 도자기에는 옥수수를 요리하는 모습이 담겨져 있다.

옥수수로 술을 담그는 모습 (5C경).

"고맙구나, 옥수수야. 네 소원대로 될 것이다. 하지만 나는 달콤하면서도 매혹적인 너의 수액은 그에게 주지 않을 것이다. 또한 마르면 푸석푸석해지는 너의 고갱이도 그에게 주지 않을 것이다."

파차카막은 미소를 지으며 이렇게 말했다.

다시금 모든 식물들은 옥수수의 넓은 아량에 할말을 잊고 말았다. 그러자 콩은 눈(目)이 되겠으며, 참새는 고귀한 피가 될 것이며, 방울새는 그의 목소리가 되겠다고 했다. 또한 원숭이는 자기의 기민함을 선사하겠다고 말했고, 악어새는 자기의 지혜를 주겠다고 했으며 개는 자기의 코를 주어 냄새를 잘 맡게 하겠다고 말했다. 이렇게 모든 동물과 식물들은 자기가 지닌 최고의 것을 서로 주겠다며 나섰다.

흙을 잘 빚기로 소문이 자자했던 파차카막은 이런 모든 것을 골고루 갖춘 아름다운 인형들을 만들었다. 그러나 해가 지자 어두워지기 시작했다. 모두가 새로운 창조물을 꿈꾸며 잠들어 있었지만, 파차카막만은 그렇지 않았다. 그는 자신의 작품을 끝내기 위해 한시도 눈을 붙이지 않았다. 달과 별은 그날 밤에 일어난 기적의 증인들이었다. 이렇게 해서 다음날 해가 뜰 무렵 모든 식물과 동물들이 꿈을 꾸면서 오랫동안 기다려왔던 최초의 인간이 태어났다. 그들은 자신들의 모든 장점을 고루 갖추고 있는 사람을 보자, 놀라움을 감추지 못하였다.

수파이는 파차카막이 만든 사람이 자기가 만든 힘센 돌인형보다 훨씬 뛰어나다는 것을 인정했다. 하지만 그는 힘센 돌인형과 사람을 서로 싸우게 하여 승자를 결정하자고 제안했다. 모든 동물과 식물들은 그들의 싸움을 보기 위해 몰려들었다.

돌인형들은 감자의 아들들을 납작하게 만들기 위해 천천히 움직였다. 하지만 감자의 아들들은 원숭이의 날렵함과 더불어 뛰어난 지혜를 지니고 있었다. 그들은 도망치는 척하면서 뒤쫓아오던 돌인형들을 낭떠러지로 유인했다. 그러자 돌인형들은 낭떠러지로 굴러떨어져 산산조각이 나 버렸다. 그 중에서 어떤 돌인형은 사람들이 몰래 파서 나뭇가지를 덮어놓은 함정에 빠지기도 했으며, 발을 헛디뎌 산 아래로 굴러떨어지기도 했다. 모든 동물과 식물들은 감자의 아들들이 압도적인 승리를 거두었다고 선언했다. 그러자 수파이는 창피해 어쩔 줄 몰라하면서 멀리 도망치고 말았다.

아직도 우리는 여러 곳에서 수파이의 아들들이 꼼짝못하고 있는 모습과 산산조각이 나서 일어서지 못하는 모습을 볼 수 있다.

# 한 하늘 속 두 개의 태양

"우리 조상들은 왜 깊은 산속에 동굴들을 팠지요?"

요즘 우리 할아버지는 매우 늦게 집에 돌아오신다. 그를 못 본 지 벌써 일주일째가 된다. 왜냐하면 만년설이 덮인 곳으로 참배 여행을 가셨기 때문이다. 우리는 저녁때마다 주인을 기다리는 개처럼 할아버지를 기다렸다. 그리고 밤늦게까지 이야기를 들었다.

"아주 먼 옛날이었어. 어느 날 사람들이 눈을 떴는데, 창공에 두 개의 태양이 있는 것을 보고 깜짝 놀랐단다. 처음에는 기뻐서 어쩔 줄 몰라하면서, 기적이 일어날 것이라고 떠들었지. 하지만 그런 기쁨은 이내 사라지고, 사람들은 겁을 먹고 커다란 재앙이 일어나지 않을까 걱정하게 되었어. 기온은 올라갔고, 시원했던 강물은 따뜻해졌으며, 식물들은 말라비틀어졌고, 동물들은 공포에 질려 시원한 장소를 찾아 마구 도망치기 시작했어. 뜨거운 공기가 연기와 뒤섞여 대지를 뒤덮었지. 그러자 사람들은 절망에 빠져 급히 숨을 곳을 찾았어. 그런데 그때 하얀 사람이 나타나 땅을 파거나 산속에 동굴을 파서 숨으면 뜨거운 열을 피할 수 있을 것이라고 충고를 해주었어. 사람들은 그의 말대로 했지.

 그런데 사람들이 동굴을 파서 숨으려고 하는 순간, 하얀 사람은 입구를 막고 못 들어가게 했어. 그러자 사람들은 그를 잡아 죽이려고 했지. 그렇지만 모두 소용없는 일이었단다. 뜨거운 햇빛과 더위를 느끼지 않는 그 사람은 동굴 안으로 달려가더니 그 안에 있던 작고 어두운 구멍으로 도망쳤던 거야. 그때서야 비로소 사람들은 이 하얀 사람이 수파이라는 사실을 깨달았지.

 한낮이 되자 이 땅의 모든 것들이 불타거나 끓어올랐단다. 바위는 열을 이기지 못해 터져버렸고, 공기는 숨을 쉴 수 없을 만큼 뜨거웠으며, 식물들은 뜨거운 열기에 겁을 먹고 벌벌 떨었지. 살아남은 사람들은 그들이 만든 깊숙한 동굴로 도망쳤어. 하지만 그 안에는 햇빛도 없고 먹을 것도 없었어. 그래서 사람들의 피부는 희끄무레하고 거무죽죽하거나 심지어는 시퍼런 피부를 띠게 되었단다.

 하루 동안 일어난 일이었지만, 모든 대지가 불에 타서 정화되기에는 충분한 시간이었지. 그런 다음에 사람들은 다시 새로운 삶을 시작해야 했단다."

## 악어새 이야기

    파차카막의 후손들이 '윈추스' 혹은 '켄티'라고 부르는 악어새는 작지만 위대하다고 알려져 있다. 그의 위대함은 이 세상의 모든 새들이 가장 커다란 권력과 가장 높은 지위를 차지하려고 싸우던 시기에 시작되었다.

    안데스에서 가장 위대한 법은 모든 새들이 받아들이고 인정하는 법이었다. 콘도르는 눈이 뒤덮인 높은 산속의 둥지에 앉아 자기를 왕이라고 생각하고 있었다. 반면에 참새와 방울새와 개똥지빠귀, 비둘기와 같은 새들은 작고 힘이 없었기 때문에 피지배자의 운명을 겸허하게 받아들이고 있었다. 권력 투쟁은 단지 커다란 새들의 전유물처럼 보였다. 작은 새들은 커다란 날개와 깃털이 달린 용감한 전사들의 영웅적인 업적을 이야기하는 시인에 불과하거나, 그것을 노래하며 찬양하는 가수나 또한 그런 것을 지켜보는 관객일 뿐이었다.

콘도르는 모든 새들에게 도전장을 내밀었다. 그러자 용감하기로 유명한 매와 왕의 전령이라는 독수리, 무서운 황조롱이, 욕심 많은 솔개와 황당한 행동으로 우리를 당황하게 만들기 일쑤인 새매들이 도전을 받아들였다. 그러나 가장 놀란 것은 조그만 악어새가 그들과 함께했다는 사실이었다.

이 모든 것을 보고 계시던 파차카막은 용사들에게 싸움을 벌이는 대신, 태양이 걸고 있는 일곱 색의 목걸이를 훔쳐와 어둡고 기쁨 없는 이 세상을 아름답게 하는 것이 어떻겠느냐고 제안했다. 그러자 많은 새들이 제각기 날갯짓을 하면서 좋다고 대답했고, 심지어는 식물들조차 좋은 제안이라며 고개를 끄덕였다.

파차카막이 재채기를 하자, 후보자들이 하늘로 날아오르기 시작했다. 콘도르는 경기가 시작된 지 몇 시간도 지나지 않아서 지쳐버렸다. 그가 자랑하던 커다랗고 무거운 몸은 최대의 장애물이 되어버린 것이다. 그는 남아 있던 마지막 힘을 다해 날갯짓을 했고, 간신히 달의 하얀 무릎 위에 앉을 수 있었다. 그러자 달은 다정히 그를 껴안으면서 자신의 머리칼로 짠 목도리를 어깨에 걸쳐주었다.

케추아어로 '와만'이라고 불리는 매와 독수리는 적들로 가득 찬 세상까지 도착할 수 있었다. 그곳에서 그들은 화려한 깃털을 자랑하는 새들뿐만 아니라 흰색의 새들과 맞서 용감하게 싸우면서 자신들의 무용(武勇)을 과시했으며, 영광과 고귀함의 샘물을 마셨다. 하지만 그 이상을 이룰 수는 없었다.

  황조롱이와 솔개는 태양과 가장 가까운 땅에 도착했다. 매우 뜨거운 그곳에서 그들은 날카로운 창을 가진 끔찍한 모기들과 일대 격전을 벌였다. 그들은 이 싸움에서 이긴 새가 진정한 승리자가 될 것이라고 생각했다.

  우연한 실수인지 아니면 처음부터 남다르게 보이려는 의도였는지는 모르지만, 새매는 끝없이 어두운 깊은 지옥으로 날아갔다. 그곳에서 그는 어둠의 귀신들과 싸운 끝에, 세상의 정반대 쪽에 모습을 드러내어 모든 새들을 놀라게 했다. 하지만 전에는 흰새였던 새매는 이제 어둠의 자식이 되어 나타났다. 그래서 아무도 그를 알아볼 수 없었다. 그의 출현은 어두운 세상을 더욱 어둡게만 했을 뿐이었다.

  악어새는 날렵한 날개와 가벼운 몸으로 다른 세상에 대한 생각은 접어두고 태양의 뜨거운 열기를 느낄 때까지 하염없이 날아올랐다. 그리고 '드디어 목걸이 가까이에 왔어. 내가 빼앗아서 목에 걸어야지'라고 생각했다. 악어새는 태양이 다른 새들의 모험을 보며 한눈을 파는 틈을 이용해 목걸이를 훔치는 데 성공했다. 안데스로 돌아오는 길은 태양으로 갔던 길에 비하면 훨씬 수월했다.

  경기에 참여했던 모든 새들이 돌아와 자신들의 공적을 이야기하면서 그 증거를 보여주었다. 콘도르는 달이 선물한 하얀 목도리와 은은한 멜로디를 내는 피리를 보여주며 뽐냈다. 그리고 그 증거로 달의 노래를 연주했다. 모든 동물들이 깜짝 놀랐다.

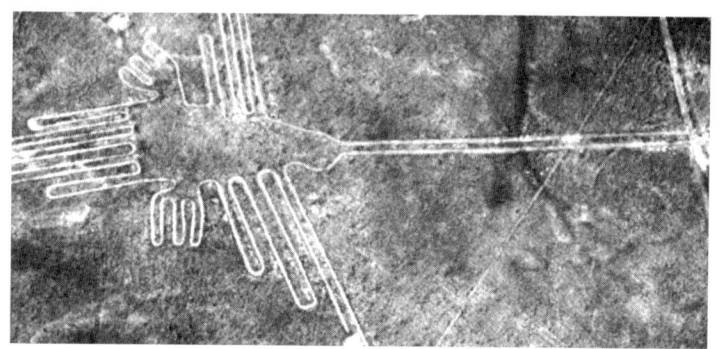
아직도 신비의 베일에 쌓인 고대 나스카 문화에 새겨진 악어새의 모습.

매와 독수리는 자신들에게 희생된 새들의 깃털을 내밀면서 날카로운 발톱의 힘을 과시했다. 황조롱이와 솔개는 거대한 모기 군단을 무찔렀다고 말했지만, 너무 과장해서 말하는 바람에 자칫하면 서로 싸울 뻔했다.

새매는 죽음의 왕을 죽였으며, 면역의 물을 마셨기 때문에 어떤 병에도 걸리지 않을 것이라고 자랑스럽게 말했다. 그 역시 뛰어난 공적으로 모든 새들의 존경을 아낌없이 받았다.

마침내 악어새 차례가 되었다. 커다란 꽃잎 위에 앉아 꿀을 빨아먹고 있던 악어새는 그 위에 무지개를 펼쳐놓고서 두 끝을 하나로 모았다. 그러자 갑자기 어둡던 세상이 환해졌고, 꽃들은 빨갛게 물들었으며, 물은 미소를 지었고, 참새와 종달새와 방울새들은 작은 거인의 공적을 노래하기 시작했다.

모든 새들이 승자는 악어새라고 말하자, 파차카막은 새 중에서 가장 위대하다는 징표로 안데스 산과 평원에 악어새의 모습을 새겨넣었으며, 상으로 길고 화사한 꼬리와 많은 지혜를 주었다.

# 세상을 거꾸로 만든 개똥지빠귀

개똥지빠귀는 커다란 목소리로 일출과 일몰, 혹은 비가 내릴 것이라든가 위험한 동물이 있음을 알려준다. 또한 그의 엉덩이에는 멍울이 있으며, 위장은 직선으로 되어 있어서 먹는 즉시 배설된다는 소문도 있다. 또한 창조주인 파차카막에게도 거짓말을 한 그는 거짓 공약을 일삼는 정치인들을 상징하기도 한다.

이제 세상을 거꾸로 만든 개똥지빠귀의 기원에 대해 이울류 할아버지의 이야기를 들어보자.

**질병을 세상에 전파시킨 개똥지빠귀**

"할아버지, 지난번에 개똥지빠귀가 어떻게 장난을 쳤는지 이야기해주셨잖아요. 지금 다시 한번 그 이야기를 듣고 싶어요."

할아버지의 얼굴에는 할아버지의 할아버지가 말해주고 또 말해준 것을 손자에게 전해야 한다는 의지가 서려 있었다.

"그래, 이야기해주지. 그런데 어떻게 시작하더라……"

할아버지는 먼 산을 바라보셨다.

"맞아, 이제야 기억이 나네! 그런데 꼬마야! 지금 막 왔나보구나. 너는 이쪽으로 와서 앉으렴. 그래야만 한마디도 빼놓지 않고 잘 들을 수 있단다. 자, 그럼 이야기를 시작해볼까."

"아주 먼 옛날이었어. 이 세상에 사람이 생긴 지 얼마 안 된 때였고 식물과 동물과 곤충들이 생명을 갖고 막 살아가기 시작했을 때였어. 우리의 창조주이자 전지전능하신 파차카막은 개똥지빠귀를 자기의 전령으로 택하셨어. 이 세상의 모든 피조물에게 그의 명령을 외치고 다니며 전하는 심부름꾼으로 결정하셨던 거지. 언젠가 한번은 그를 불러 아주 중요한 것을 부탁하셨어. 굳게 닫힌 금그릇을 주시면서 큰 강에 던져버리라고 말씀하셨던 거야. 하지만 절대로 그 그릇을 열어보면 안 된다고 주의를 주셨어.

개똥지빠귀는 급히 강을 향해 출발했단다. 그런데 마음속으로 궁금증이 일었어.

'왜 내용물을 보면 안 된다고 말씀하신 것일까?'

그가 강가에 도착했을 때 호기심은 극에 달해 있었단다. 그는 한참 동안 그곳에 서서 금그릇을 열어볼 것인지, 아니면 파차카막의 말대로 열어보지 않고 그냥 강물에 던져야 할 것인지 고심했어. 하지만 결국 그는 그릇을 열었지.

그러자 순식간에 모든 벌레들과 병균들이 뛰쳐나왔어. 너무 놀란 개똥지빠귀는 얼른 뚜껑을 닫고 강물에 던져버렸지. 하지만 이들이 그를 물어뜯기 시작했어. 그는 전혀 가렵지 않은 척하면서 파차카막이 계신 곳으로 가서 분부대로 했다고 말했어. 그 말을 듣자 파차카막 역시 아무것도 모르는 척하면서 어떻게 버렸는지 물어보셨단다. 개똥지빠귀가 거짓말을 하는 동안 이들은 깃털 위를 마구 헤집고 다니며 괴롭혔어. 마침내 가려워 참을 수 없게 된 개똥지빠귀는 파차카막 앞에서 이를 잡기 시작했어. 그러자 파차카막은 개똥지빠귀의 엉덩이에 진물이 나도록 매질을 하라고 지시했지. 그때부터 개똥지빠귀는 궁둥이에 항상 멍울을 지니고 다니게 되었단다. 하느님의 형벌은 영원한 것이거든."

"그게 정말이에요?"

할아버지의 이야기를 듣기 위해 모여든 아이들 중에서 가장 어린아이는 아무것도 모르는 듯했다.

"물론이지! 개똥지빠귀치고 엉덩이에 멍울 없는 것 봤어?"

내가 이렇게 말하자, 모든 아이들이 와아 웃으며, 내 말이 맞는다는 표정을 지었다. 그러자 할아버지는 이렇게 말씀하셨다.

"그래, 물론이지. 그래서 모든 개똥지빠귀는 하느님의 말을 거스른 벌로 멍울을 지니게 된 거야. 만일 개똥지빠귀가 그릇을 열어보지만 않았더라도, 이 세상에는 기생충이나 병균이 존재하지 않았을 거야."

## 인간의 운명을 바꾼 개똥지빠귀

"그럼 이 세상의 모든 병은 바로 개똥지빠귀 때문에 생긴 거네요."
 가장 어린아이는 다른 아이들이 그의 무지를 비웃는 것 따위에는 신경을 쓰지 않았다. 그것보다는 호기심이 우선이었다.
"반드시 그런 건 아니란다. 그럼 그 이야기는 여기서 끝내고 다른 재미있는 얘기를 해주마. 개똥지빠귀 때문에 인간의 운명이 바뀌게 되었는데, 왜 그런지 아는 사람 있니? 이제 잘 들어보렴. 조금 전에 말했다시피 동물과 식물이 막 태어난 먼 옛날에 파차카막은 개똥지빠귀를 전령으로 택하셔서 인간을 비롯한 모든 살아 있는 존재들에게 영원히 그들을 지배할 법칙을 큰 소리로 외치고 다니라는 명령을 내리셨어. 그러면서 이렇게 말하셨지.
 '오늘부터 사람들은 사흘에 한 번 밥을 먹을 것이다. 사람의 이빨은 부싯돌처럼 튼튼할 것이다. 또한 사슴들의 공격을 막기 위해 항상 무기를 지니고 다닐 것이다.'
 하지만 개똥지빠귀는 이렇게 말했단다.
 '우리의 아버지 파차카막은 이 순간부터 인간들은 하루에 세 번 밥을 먹으라고 지시하셨다. 그의 이빨은 옥수수 알과 같을 것이다. 또한 사슴을 공격하기 위해 항상 무기를 갖고 다닐 것이다.'

그때부터 인간들은 하루에 세 번 밥을 먹게 되었으며, 이빨은 옥수수 알처럼 썩기 쉽게 되었고, 또한 사슴을 잡아 먹이로 삼게 되었단다.

파차카막은 자기가 선포한 법칙이 터무니없이 바뀌어버린 것을 보자 개똥지빠귀에게 벌을 내려야겠다고 생각했지.

'개똥지빠귀야, 너는 내 지시를 모두 반대로 전했다. 너는 그런 나쁜 습성을 고칠 때까지 큰 소리로 내 명령을 외치고 다닐 것이다. 너는 일출과 일몰을 알려 모든 사람과 동물이 언제 하루가 시작되고 끝나는지 알게 하라. 또한 비가 올 것을 커다란 소리로 알려 모든 동물들이 안전하게 피신할 수 있도록 하라. 그리고 여우나 퓨마나 뱀 혹은 산짐승들이나 또 다른 위험한 동물들이 있는 것을 큰 소리로 알려 약한 짐승들이 피할 수 있도록 하라. 마지막으로 먹고 노래하고 날면서 용변을 보도록 하라.'"

어릴 적에 나는 수풀이 우거진 계곡 근처에서 가축들에게 풀을 먹이곤 했다. 그런데 어느 날 개똥지빠귀가 이 나무 저 나무를 날아다니며 '쩩 쩩'거리며 목이 쉬도록 우는 소리가 들렸다. 즉시 나는 계곡으로 달려갔다. 여우 한 마리가 날렵한 동작으로 내려오고 있었다. 순간적으로 나와 마주치자, 여우는 나를 노려보았고, 나는 그의 기세에 압도되어버리고 말았다. 나는 소리를 지를 수도 없었고, 휘파람을 불 수도 없었으며, 돌을 집어던질 용기도 나지 않았다. 내가 옴짝달싹도 못하는 사이, 여우는 왔던 길로 다시 되돌아갔다. 그리고 몇 분이 지나서야 비로소 나는 그 놀라움에서 벗어날 수 있었다.

# 불의 기원

 모든 것을 궁금하게 생각하던 어린 시절에 나는 수없이 많은 이야기를 들었다. 그 이야기들은 너무나 재미있고 신기해서 내 머릿속에서 지울 수가 없었다. 이제 내가 간직하고 있는 이야기 한 편을 들려주려고 한다.
 아주 먼 옛날, 쿠치피유라는 커다란 불새가 우주를 창조한 전지전능한 파차카막의 궁궐을 도망쳤다. 탈출에 성공한 그는 너무나 기뻐 하늘을 급선회하면서 자신을 공중의 왕이라고 생각했다. 그러나 자만한 나머지 거대한 바위에 부리를 부딪히고 말았다.
 큰 소리가 날 정도는 아니었지만, 어쨌든 심한 충격으로 불똥이 튀었고, 그 불똥은 미친 듯이 사방으로 날아갔다. 샘물에 빠진 불똥은 샘물을 지나 지하 동굴에까지 이르렀고, 이렇게 하여 뜨거운 샘물, 즉 용암이 되었다. 또한 바위에 떨어진 불똥은 바위의 가장 깊은 곳까지 파고들어가 몸을 숨겼다. 그래서 케추아어로 '니나루미,' 즉 '불의 돌(火石)'이 탄생되었는데, 이것이 바로 지금의 부싯돌이다. 그리고 숲 위에 떨어진 불똥은 한 번도 볼 수 없었던 새로운 현상을 만들어냈다. 나뭇가지들은 이글거리는 머리칼처럼 불탔으며, 이내 거대한 나무들까지도 화염에 휩싸였다. 불을 접한 나무들은 죽음의 색이라는 검은색으로 변했다. 그런 다음 점차로 허물어져내려 흙이 되었다.

파차마마는 난생처음으로 뜨거운 통증을 느꼈으며, 이것은 단단한 피부에 시퍼런 피멍을 들게 했다. 놀란 인간들은 이런 현상을 파차카막이 보낸 사신이라고 여겼고, 서로 앞을 다투어 이 사신의 의미를 간파하려고 애를 썼다. 그들은 불을 '니나'라고 불렀다. 이 말은 '하느님의 말' 혹은 '하느님의 메시지'라는 뜻이다. 이 땅의 새로운 여신 니나는 사람들의 숭배를 받았으며, 심지어 사람들은 그녀의 힘의 원천인 하늘색 불꽃을 두고 여러 가지로 해석하기도 했다. 사람들은 땅에서 얻은 산물을 니나에게 바쳤으며, 니나는 기쁜 마음으로 그 공물을 먹어치웠다. 불에 구운 공물을 가장 먼저 맛본 사람들은 파차카막의 사제들이었다. 그 음식은 의외로 매우 맛있었다.

후에 사람들은 니나가 따뜻하게 하고, 빛을 주며, 음식맛을 좋게 하는, 세 가지의 커다란 힘을 갖고 있다는 사실을 알게 되었다. 이것은 니나가 힘센 여신이라는 증거였고, 따라서 모든 사람들은 니나를 집으로 가져가 집 안 한가운데 모셔두었다. 그러자 니나는 화사하게 불꽃을 피우며 집 안을 밝혔고, 모든 가족들은 기뻐 어쩔 줄 몰랐다. 그러나 사람들은 니나가 하늘에서 내려왔다는 사실을 알고 있었다. 그래서 도망치지 못하도록 주위에 니나의 세 힘을 상징하는 세 개의 돌을 놓아 파수를 서게 했다. 화로는 바로 이렇게 만들어졌다.

이즈음 많은 비가 내렸고, 사람들은 니나의 힘이 한계를 지니고 있음을 알게 되었다. 다시 말하면 니나는 전지전능한 신이 아니라, 위대하신 파차카막이 만든 하나의 작품에 불과하다는 것을 깨달았다. 그러나 물과 불이 항상 어울리지 못했던 것은 아니었다.

어느 날 사람들은 토기 그릇에 물을 가득 채워 세 개의 돌 위에 올려놓았다. 그러자 불은 감격에 젖어 말하기 시작했고, 물 역시 즐거움을 느끼기 시작하더니 마침내 억제할 수 없이 끓어오르면서 환한 미소를 지었다. 불과 물은 마치 사랑하는 남녀처럼 사랑을 나누었던 것이다.

불의 아버지인 쿠치피유는 자기가 왔던 무한한 하늘로 날아가려고 애

불 위에 토기 그릇을 놓고 물을 끓이는 모습.

를 쓰다가 마침내 숨을 거두었다. 차가워진 그의 뱃속에는 몇 개의 알이 볼품없이 자라나고 있었다. 알이 깨지면서 새끼들이 나왔는데, 그 새끼들은 수많은 쿠치피유들의 기원이 되었다. 그들은 가장 단단한 돌마저도 녹일 수 있는 물체를 부리에 물고 밤하늘을 날아다닌다. 옛 페루인들은 이런 쿠치피유의 비밀을 알고 있었고, 따라서 가장 작은 돌부터 거대한 돌

까지 아무런 어려움 없이 쉽게 다듬을 수 있었다.

기운이 빠져 죽어가던 쿠치피유를 먹은 벌레들은 반짝반짝거리는 아이들을 낳았다. 케추아인들은 그것을 '니나쿠루'라고 부르는데, 이 말은 '불의 벌레,' 즉 반딧불을 뜻한다.

# 소금이 태어나게 된 사연

카치는 붉고 아름다운 칸투꽃보다도 더 아름다운 처녀였다. 그녀는 콜케라는 청년과 결혼을 약속했다. 그는 근면하고 정직하며 진실만을 사랑하는 청년이었는데, 이 세 가지는 '루나,' 즉 사람이 갖추어야 할 세 가지 덕목이었다. 그러나 모든 사람이 그녀의 아름다움을 이구동성으로 치켜세우자, 그녀는 자기가 아주 부유하게 살고 매우 맛있는 음식을 먹으며 꽃보다도 더 아름다운 옷을 입을 권리가 있다고 생각하기 시작했다. 이내 그녀는 이런 욕심을 말로 표현했다. 그러자 부락 사람들은 그녀를 건방지다고 생각했고, 마침내 싫어하게 되었다.

카치는 콜케를 무시했으며 그의 사랑을 거부했다. 그녀는 단둘이 있을 때뿐만 아니라 공개적으로도 그를 멸시했다. 그러자 마음의 상처를 입고 절망에 빠진 그는 자기의 운명과 이성과 감정의 눈을 가려버린 허황된 그

하인들에게 둘러싸여 머리를 감고 있는 아름다운 여인의 모습.

녀의 마음을 저주했다. 그리고 한번 떠나면 도저히 돌아올 수 없는 망각의 땅을 찾아 떠났다. 그 근처에는 거대한 분화구가 있었다.

아궁이 옆에 둘러앉아 몸을 녹이고 있던 기니피그들은 이런 소식을 듣자, 허영심에 들뜬 카치에 관해 두런거리며 험담하기 시작했다. 그러자 귀엣말로 속삭이는 것을 무척이나 싫어하던 기니피그 한 마리가 험담꾼들을 조용히 시키기 위해 큰 소리로 이렇게 말했다.

"카치가 이 마을에서 가장 아름다운 처녀란 것은 틀림없는 사실이야. 하지만 겸손하지 않기 때문에 가장 못된 여자이기도 해. 카치는 독으로 가득 찬 활짝 핀 꽃과 같아."

그러나 카치는 자신의 마음에 드는 남자를 찾지 못하였다. 그런데 갑자기 그녀는 미칠 듯한 사랑에 빠지게 되었다. 그녀가 사랑한 상대는 다름아닌 화사한 빛을 비추는 인티(태양)였다. 그녀는 매일 아침 그를 맞이하러 나갔고, 거의 온종일 그를 지켜보며 지냈다. 그녀는 화사한 햇빛이 어디로 비추며, 어느 곳으로 윙크하며 숨어버리는지 낱낱이 알고 있었다. '인티는 나만 제대로 바라봐. 나머지 사람들에게는 나를 비추고 남은 빛만을 비춰줄 뿐이야'라고 그녀는 생각했다.

그녀는 어떻게 해야 자기가 사랑하는 인티에게 도착할 수 있을까 고민

했다. 그래서 카치는 파차카막의 사원으로 달려갔다. 이미 마을 사람들의 말을 들어 알고 있던 사제들은 그녀의 말을 듣자 그런 꿈은 망상에 불과하니 버리는 것이 좋을 거라고 충고했다. 또한 아버지 인티를 혼자 독차지한다는 것은 불가능하며 그런 생각은 신성을 모독하는 행위라고 지적했다.

  파차카막의 봉사자들도 아무런 도움을 줄 수 없다는 사실을 알게 된 그녀는 실망했다. 그래서 이번에는 무서운 수파이의 여사제로 알려진 마녀 아치카이를 찾아갔다. 아치카이는 소문을 통해 익히 알고 있었지만, 자비로운 표정을 지으며 그녀의 말을 들었다. 그리고 이 세상에서 가장 아름다운 여자는 어떤 것이라도 차지할 권리가 있다면서 그녀에게 용기를 북돋워주었다. 아치카이는 카치에게 깊은 동굴로 내려가면 난쟁이인 '피니니코'들이 살고 있는 마을에 도착할 수 있으며, 인티는 바로 그곳에서 잠을 자고 있으니 잠자는 틈을 이용하면 쉽게 그를 차지할 수 있을 것이라고 가르쳐주었다. 카치는 마녀 아치카이가 가르쳐준 대로 만년설이 뒤덮인 산 아래에 있던 동굴 입구로 들어갔다. 사흘 간 쉬지 않고 내려가자 기이한 모습으로 숨어 살고 있는 이상한 사람들을 만나게 되었다. 그녀는 마침내 피니니코와 인티가 살고 있는 마을에 도착한 것이었다. 카치는 몰래 그 마을로 들어가서 잠자고 있던 인티의 뺨에 몇 초 동안 키스를 했다. 그런 다음에 "이제 인티는 내 것이야!"라고 소리쳤다. 하지만 너무나 크게 소리치는 바람에 근처에 있던 바위가 깜짝 놀라 몸을 떨면서 아래로 굴러떨어졌다. 그 바위는 좁은 동굴 길을 영원히 막아버리게 되었다. 하지만 카치는 아무것도 모른 채 계속해서 "이제 나는 인티를 가졌어! 인티는 이제 내 것이야, 내 것이란 말이야……"라고 외쳤다.

성한 사람도 깊고 어두운 동굴에 들어가면 실성한다는 말이 있다. 그러니 인티에게 미쳤던 카치가 정신을 잃고 주위에서 무슨 일이 일어났는지 눈치채지 못한 것은 당연한 일이었다. 한참이 지난 후에야 비로소 카치는 자기가 깊은 동굴 속에 영원히 갇힌 포로의 신세가 되었다는 사실을 깨달았다. 그러는 동안 마녀 아치카이는 밖에서 깔깔거리며 웃

모라스의 소금 광산. 이 노천 광산에서는 전잉카 시대부터 소금을 캤다고 알려져 있다.

고 있었다. 카치는 하염없이 눈물과 콧물을 흘렸고, 그 눈물과 콧물은 지하의 강으로 스며들어가 끝없는 바다를 이루었다. 또한 쉴새없이 흘린 그녀의 눈물과 콧물은 바위 틈새로도 흘러들어갔고, 마침내 그것이 굳어 소금이 되었다. 이렇게 해서 안데스 산지의 유명한 소금 광산이 생기게 되었다.

과거의 행동을 뉘우치며 눈물로 세월을 보낸 그녀는 아름다움을 잃고 늙어갔다. 소금 광산에서 소금을 캐던 몇몇 광부들은 꿈속에서 그녀를 보았는데, 매우 늙었고, 추한 모습이었으며, 코로 쉴새없이 콧물이 나와 더럽기 그지없었다고 한다.

# 달에는 쿠리가 산다

 아무도 이유를 알지는 못했지만, 쿠리는 머리에 쌍가마를 갖고 세상에 태어났다. 그러자 부락이 온통 야단법석을 떨었다.
 "쿠리는 우리에게 불행을 가져올 겁니다."
 친척들은 이렇게 말했다. 그러자 주름이 가득한 구릿빛 노인들이 덧붙였다.
 "쿠리 가족들은 우리 마을에 항상 많은 슬픔만을 안겨주었어."
 사람들의 이런 불평 섞인 말은 날이 지나고 해가 바뀔수록 점점 더해만 갔다.
 "쿠리 때문에 가뭄이 들고, 질병이 돌고, 태풍이 오는 거야. 그래서 천둥과 번개가 쳐서 우리가 심은 농작물을 모두 망쳐버리는 거야."
 모든 사람들은 계속되는 재앙에 깜짝 놀랐다. 그들은 누군가가 나서서 쿠리의 문제를 해결해주었으면 하고 기다리는 눈치였다.

이제 쿠리는 세 살이었다. 하지만 그의 어머니는 단 한 번도 쿠리를 혼자 놔둔 적이 없었다. 누군가가 자기 아들을 없애버릴지도 모른다고 걱정했기 때문이었다. 이것 이외에도 쿠리는 아버지를 잃어버렸다. 그의 아버지는 바닷가에 다녀오겠다고 말하고 떠났지만, 그때까지도 돌아오지 않았다. 쿠리는 빵모자를 쓰고 자랐지만, 모든 사람들은 이미 그가 머리에 쌍가마를 지니고 있다는 사실을 알고 있었다.

'내가 불행해지는 한이 있어도, 절대로 우리 마을 전체가 불행해져서는 안 돼.'

어머니는 이렇게 마음먹고 어느 날 밤 쿠리와 함께 몰래 마을을 떠났다. 그러자 얼룩 한 점 없던 새하얀 달이 밤새 그녀의 길을 환히 밝혀주었다.

아무도 찾아오지 않던 아름다운 야이누의 깊은 골짜기는 특별한 환영인사 없이 그들을 맞이했다. 그곳은 아무도 찾아올 수 없는 가장 안전한 지역이었다. 아이는 '히르카'(정령이 깃들인 산봉우리)의 사랑과 동정을 받았다. 하늘에서 수없이 많은 번갯불이 내리쳤지만, 그들은 무사히 목숨을 건질 수 있었다. 그러나 쿠리를 살려준 히르카의 머리는 온통 상처투성이였고, 심지어는 무자비하게 내리치던 번갯불에 머리가 깨지기도 했다.

어느 날 청년 쿠리가 혼자 있을 때 마치 바람을 타고 흐르는 힘없는 구름처럼 그의 어머니가 세상을 떠났다. 그는 어머니를 생각하며 슬픔에 젖어 있었다. 그때 무쇠처럼 단단한 부리를 가진 새가 날아왔다. 다름아닌 쿠치피유였다. 쿠치피유는 쿠리에게 얼마 전 돌아가신 자기 아버지의 부리를 선물로 주었다. 어머니가 돌아가셨지만 쿠리는 혼자가 아니었다.

그러나 슬픔에 젖은 쿠리는 야이누의 산골짜기를 마냥 헤매고 다녔다. 하지만 한숨도 자지 않고 나흘이나 돌아다니자, 피로에 지친 나머지 호수 근처에 있던 바위 꼭대기에서 잠이 들고 말았다. 다음날 아침이 밝아올 무렵, 그는 따스한 첫 햇살을 받으며 눈을 떴다. 그는 호수에 떠 있는 하얀 구름이 수많은 무지개에 둘러싸여 자기에게 다가오는 모습을 보았다. 구름은 동심원을 그리며 퓨마나 다른 맹수처럼 사납게 울부짖고 있었다. 그는 성나게 울부짖는 이 구름을 아무런 두려움도 없이 기다렸고, 그 구름은 쿠리를 태워 달로 데려갔다. 그러나 그곳에서도

실을 잣는 안데스의 여인.

외롭기는 마찬가지였다. 쿠리는 그날이 어머니가 돌아가신 후 닷새째 된다는 사실을 떠올렸다. 케추아인들의 풍습에 따르면, 그날은 죽은 사람들과 마지막 이별 의식을 치르는 날이었다. 그러자 그는 쿠치피유가 선물한 부리로 달의 얼굴에 그림을 새기기 시작했다. 마침내 그는 허리 옆에 실패를 놓고 회오리바람처럼 빨리 돌려가며 뜨개질하는 어머니의 모습을 새겼

다. 그 덕택에 달은 근면과 여성적 섬세함의 모델인 어머니 달이 되었다.

우리는 월식이 일어날 때 머리에 쌍가마를 하고 그를 거부한 세상을 조롱하듯 비웃는 조각가의 모습을 볼 수 있는데, 그가 바로 쿠리이다.

# 개미는 어떻게 생겨났을까

 부지런히 일하고 놀랄 정도로 조직적인 개미를 보면 모든 사람이 경탄을 금치 못한다. 어렸을 때 나는 이 조그만 동물이 개미집을 오가며 분주히 움직이는 모습을 보고 "정말 사람 같아!"라고 소리친 일이 있었다. 그러자 근처에서 밭을 갈고 있던 할아버지가 이렇게 대답했다. "정말 사람 같지. 그런데 내가 개미들이 이 땅에 어떻게 태어났는지 말해주지 않았던가?"
 "예, 말씀해주지 않았어요, 할아버지."
 나는 이렇게 말했지만, 이것은 동시에 이야기를 들려달라는 부탁이기도 했다.
 우리 할아버지 에울로히오 이울류 로메로는 일을 멈추고 내가 바라보던 개미집 근처로 다가왔다. 그리고 그의 선조들이 말해준 이야기를 내게 들려주기 시작했다. 우리의 황소들은 내가 이야기를 듣는 동안 심각한 표정을 지으며 아무 말 없이 되새김질을 하고 있었다.

"우리가 사는 이곳 키타락사에는 아주 근면하고 정직한 청년이 살고 있었단다. 자기가 한 말은 모두 지키는 아주 훌륭한 사람이었지. 그의 이름은 일랴코였단다. 이 말은 '번개'를 의미하지. 그는 결혼할 나이가 되었지만 결혼할 생각은 전혀 하지 않았단다. 아니 그 나이가 되면 남자들이 결혼해야 한다는 사실을 모르고 있었는지도 몰라. 수많은 처녀들이 그에게 접근했지. 그는 처녀들을 다정하게 대하긴 했지만, 그 누구도 사랑하지는 않았어. 우리 케추아 사람들 습관처럼, 그의 부모들은 '야르파치이'(결혼을 해야 한다고 일깨워주는 것)의 의무를 이행했지. 그러나 그는 땅을 경작하는 데만 온 신경을 썼을 뿐, 결혼 따위에는 관심이 없었어. 시간이 흘렀지만, 일랴코의 행동은 변화가 없었단다.

그런데 어느 날 아침이었어. 이슬 방울이 타이타인티(아버지 태양)의 아침 햇살을 받으며 영롱하게 빛나고 있었어. 그는 콰이쿠 골짜기로 급히 걸어가고 있었지. 그곳은 잘 다듬어진 검은 바위로 가득 찬 깊은 협곡이었는데, 그는 '와루'라는 외나무다리를 건너야만 했어. 콰이쿠 골짜기가 너무 깊은 탓인지, 그 다리는 야나마유〔페루에서 가장 높은 만년설 산인 앙카쉬 북쪽에 있는 강. 이 이름은 '검은 강'이란 의미를 지니고 있다: 옮긴이〕강 위에 놓인 조그만 하수관처럼 보였어. 그런데 다리를 건너기 시작하자 은은하고 사랑스런 여인의 목소리가 들려왔어. 그는 발길을 멈추고 외나무다리 한가운데 서서 깊은 계곡을 내려다보았지. 마침내 그는 그 노

쿠스코 근처에 있는 아푸리막 강 위에 드리워진 다리. 케추아족은 스페인군의 침공을 받자 다리의 줄을 자름으로써 자신들의 부락을 지켰다.

랫소리가 산 위에서 들려오고 있다는 사실을 알게 되었어. 그는 다리를 건너, 은은한 노랫가락이 흘러나오는 곳으로 향했지. 그곳에는 하얀 피부와 아름다운 금발의 미녀가 있었단다. 그녀는 거품이 일고 있는 급류에서 벌거벗은 채 헤엄치고 있었지. 너무 놀란 그가 아무 말도 하지 못하자, 그녀가 먼저 말을 건넸단다.

'사랑하는 일랴코, 오래 전부터 당신을 기다려왔어요. 당신은 순수한 마음을 지니고 오랫동안 혼자 살아왔어요. 그런 남자는 흔치 않아요. 당신 같은 사람에겐 나 이외의 어떤 여자도 걸맞지 않는답니다.'

깜짝 놀란 일랴코는 기쁨을 감추지 못하였지. 그는 즉시 물밀듯이 넘쳐흐르는 사랑을 느끼게 되었고, 아이라(강의 요정)는 자기가 살던 유리 궁전으로 그를 초대했단다. 이미 아이라에게 마음을 빼앗긴 일랴코는 두 번 생각할 틈도 없이 깊은 계곡으로 발길을 옮겼어. 그리고 두 사람은 그곳으로 가는 도중에 투르마냐이(무지개)의 빛을 받으며 하나가 되었단다. 너도 알겠지만 투르마냐이는 사랑과 결합의 상징이란다. 그러자 그때까지만 해도 묵묵히 서 있던 커다란 바위가 호화로운 궁궐문으로 아무도 모르게 변해버렸어. 그런 천국에서 일랴코는 아름다운 아이라의 융숭한 대접을 받으며 살았지.

많은 시간이 흘렀단다. 그러던 어느 날 일랴코는 부모님 생각을 떠올리면서, 부모님들을 만나야겠다고 마음먹었어. 그래서 이런 사실을 아이라에게 말했지. 그러나 슬픔에 젖은 아이라는 일랴코에게 절대로 고통의 세계로 돌아가지 말라고 애원했어. 하지만 일랴코가 너무도 완강히 고집하자, 아이라는 하는 수 없이 승낙하면서 그가 반드시 지켜갈 사항들을 말해주었어.

'투르마냐이가 문 앞에 나타나면 당신은 세상으로 나갈 수 있어요. 하지만 밖으로 나가면 절대로 소금과 고추와 사탕과 버터를 먹지 마세요. 또한 다른 여인을 사랑해서도 안 됩니다. 내가 말한 이 모든 것을 지키면, 아무 때라도 이곳으로 돌아와서 나를 다시 만날 수 있을 겁니다.'

파차마마가 타이타인티의 따스한 사랑을 받자 무지개가 나타났고, 일랴코는 일곱 빛깔의 뱀처럼 몸을 말아 궁전을 빠져나갔어. 그는 부모님들을 만났지. 이미 연로해 있던 부모님들은 오랫동안 모습을 보이지 않던 아들이 기적처럼 살아서 돌아오자, 너무도 기뻐 눈물을 흘리며 좋아했어. 며칠 간 부모님과 함께 지낸 일랴코는 작별을 하고 콰이쿠 골짜기로 모습을 감추어 아이라의 궁궐로 돌아왔어. 그렇게 다시 한참을 행복하게 지냈지.

그런데 어느 날 일랴코가 다시 궁전을 나가야겠다고 말하자, 아이라는 무언가 불길한 것을 예감하듯 울음을 터뜨렸어. 청년은 아이라의 궁전을 나와 고향으로 돌아갔지만, 부모님들을 만날 수 없었어. 이미 오래 전에 세상을 떠나셨던 거야. 친구들도 찾았지만 아무도 없었어. 마을 사람들은 마치 이방인이 찾아온 것처럼 그를 의심의 눈초리로 바라보았지. 실망한 일랴코는 시간이 전혀 흐르지 않는 매혹적인 아이라의 궁전으로 돌아가야겠다고 마음을 먹었어. 그런데 반쯤 왔을 때, 갑자기 '내가 만일 피추 감자(고추 감자)를 먹으면 어떤 일이 일어날까?' 하고 궁금해지기 시작했어.

피추 감자의 향내가 근처에 있던 집에서 흘러나오고 있었어. 그는 자기가 가장 좋아하는 음식을 먹기 위해 그곳으로 갔지. 그는 고추 맛이 입에서 채 가시지도 않은 상태로 다시 골짜기를 향해 발길을 옮겼어. 그런데 골짜기에 이르렀지만, 아이라의 달콤한 음악 소리가 들리지 않았어. 그러자 그는 자기가 위험에 처했다고 짐작했지. 심지어 강물조차도 성난 듯이 으르렁거리고 있었어. 몇 시간 동안 그는 아이라를 소리 높여 부르며 울부짖었지만, 그녀의 목소리는 아무런 대답도 하지 않았단다. 이제 혼자가 되었다는 슬픔에 그는 오랫동안 야생 동물처럼 만년설이 뒤덮인 계곡을 헤매고 다녔지. 그런데 어느 날 밤이었어. 꿈에 슬픈 목소리로 그의 사랑하는 여인이 나타나 이렇게 말했어.

'사랑하는 일랴코, 당신은 내 말을 듣지 않았어요. 그래서 내 노래를 죽였고, 내가 살던 유리 궁전도 파괴했어요. 이제 나는 수파이(악마)의 포로가 되었답니다. 나는 황량한 벌판에서 거인들의 감시를 받고 있어요. 당신이 나를 다시 보고 싶고 나와 다시 함께 살고 싶다면, 세 악령들을 죽여야 합니다. 이들은 서로 다른 것이 아니라 수파이가 취할 세 가지 모습입니다. 그것은 바로 거인과 퓨마와 뱀이랍니다. 우선 한번도 사용하지 않은 무쇠 마체테(중남미에서 쓰이는 풀을 베는 칼 모양의 낫: 옮긴이)를 손에 넣으세요. 하지만 단지 왼손으로만 사용해서 거인들을 죽여야 합니다. 그 일을 성공적으로 마치면 후에 퓨마와 뱀과 어떻게 싸워야 하는지 가르쳐줄게요.'

일랴코는 마체테를 구해 왼손으로 연습하기 시작했어. 그러면서 부모님과 이 세상의 창조주인 인자하신 파차카막, 하늘 높이 떠계신 타이타인티와 자비로운 파차마마에게 도와달라고 기원했단다. 연습을 마치자 그는 황량한 벌판을 향해 기나긴 여행길을 떠났지. 이레째 되던 날, 태양이 하늘 높이 떠올랐을 때 그는 거대한 선인장이 늘어선 평원에 도착했어. 그런데 그를 보자 선인장들은 거대한 몸집의 인간으로 변하더니, 용감하게 대드는 일랴코를 우습다는 듯이 빈정거리며 비웃기 시작했지. 싸움이 시작되었어. 인간으로 변한 선인장들은 그를 붙잡아 육중한 무게와 엄청난 힘으로 짓누르려고 했단다. 그러나 그는 왼손으로 절묘하게 마체테를 휘둘러 그들의 사지를 절단하고 몸에 깊은 상처를 냈어. 마침내 궁지에 몰리자 적들은 항복을 하고 말았지.

그런데 첫번째 악령을 완전히 정복하기도 전에 퓨마의 울음 소리가 들렸어. 그때 아이라의 목소리가 들려왔지. 그 소리는 가장 큰 선인장 아래의 구멍에서 흘러나오고 있었단다. 그녀는 '일랴코, 멧돼지가 되세요!'라고 외쳤어. 이 소리가 들리자마자 그는 무서운 멧돼지로 변했고, 날카로운 이빨로 퓨마를 마구 물어뜯으며 혼을 내주었지. 두번째 싸움에서도 패배하자, 수파이는 도망치면서 거대한 뱀으로 변했어. 그런 다음 다시 일랴코를 공격했지. 그러자 다시 아이라의 명령이 들려왔어. '일랴코, 매가 되세요!' 기적은 또다시 이루어졌어. 뱀과 매는 장시간에 걸쳐 싸움을 했고, 결국 사나운 매가 뱀을 이기고 말았지. 매는 거의 초주검이 된 뱀을 승리의 트로피처럼 낚아채서 하늘 높이 날았어. 뱀은 온갖 몸부림을 친 끝에 간신히 매의 발톱을 빠져나올 수 있었지만, 가장 우뚝 솟아 있던 선인장 아래 떨어졌고, 그 선인장 아래에 있던 구멍으로 몸을 숨기고 말았어. 그러자 선인장은 즉시 말라죽고 말았단다.

　인간의 모습으로 되돌아오자 일랴코는 선인장 아래에 있던 구멍을 휘저어 파기 시작했지. 하지만 그 구멍은 끝이 없이 길었어. 지치고 절망에 빠진 그는 슬픈 표정으로 고개를 들어 타이타인티를 바라보았어. 태양은 아버지처럼 미소지으며 산 너머로 기울어가고 있었지. 일랴코는 싸움에 진 영웅처럼 고통스러워하면서 슬픈 표정을 짓고 있었어. 그러면서 그는 자기가 판 구멍 앞에 평생을 있겠다고 다짐했단다.

　그런데 다시 아이라의 목소리가 들렸어. 그 목소리는 끝없이 긴 구멍에서 새어나오고 있었지. 그런데 예전과 달리 이번에는 울음이 섞여 있었어.

　'사랑하는 일랴코, 이제 나는 당신이 나를 얼마나 사랑했는지 알겠어요. 하지만 이 못된 수파이가 당신 손에 죽지 않고 이곳으로 도망쳐 선인장의 목숨을 빼앗았어요. 그리고 나를 이 깊은 구멍 속에 가두었답니다. 당신이 인간의 모습을 띠는 한 절대로 이곳까지 올 수가 없어요. 그러나

조그만 벌레로 변한다면 가능할 거예요.'

그러자 일랴코는 수파이와 싸우기 전에 파차카막을 비롯한 또 다른 자연의 힘에게 도와달라고 간청했다는 사실을 떠올렸어. 그리고 실제로 이들은 일랴코를 보호해주었지. 불행한 운명을 떨쳐버릴 수 있는 마지막 방법으로, 그는 이 세상의 창조주에게 도움을 달라고 큰 소리로 기도했어. 자비로우신 파차카막은 일랴코의 외침을 헛되게 하지 않았지. 그의 몸은 점점 작아지더니 마침내 개미로 변했단다. 그래서 그는 급히 긴 구멍으로 기어들어가서 사랑하는 아이라를 만났고, 그녀의 손에 묶인 밧줄을 풀어주었지. 그러자 그녀 역시 개미로 변했단다.

시간이 흘렀어. 근면하고 성실하며 협동적이고 용감한 이 조그만 개미는 수없이 번식했고, 마침내 모든 대지의 안팎을 자기들 세상으로 만들게 되었지. 일랴코와 아이라가 아직도 살아 있는지는 알 수 없단다. 하지만 개미들은 계속해서 늘어나고 있으며, 우리는 그들의 조직적인 체계와 근면성에 종종 놀라게 된단다."

# 커다란 바위를 다듬은 케추아족의 비밀

"아빠, 바위가 너무 커서 우리집을 짓는 데까지 가져갈 수가 없어요."
"모든 돌들은 사람의 말을 듣는 법이다. 자, 돌들에게 게으름을 떨쳐버리고 자리에서 일어나라고 말해라."
"돌들아, 일어나라!"
어린 소년 친키가 이렇게 소리쳤지만, 돌들은 꼼짝도 하지 않은 채 영원히 깨지 않을 잠을 자고 있었다. 그는 커다란 바위를 움직이기 위해 다시 소리쳤지만, 모두 헛된 일이었다.
"아빠, 말을 안 들어요. 아빠가 한번 말해보세요."
"돌들이 말을 안 들으면, 이 채찍이나 저 지팡이를 사용하도록 해라. 그러면 돌들이 깊은 잠에서 깨어나게 될 거야. 만일 그래도 말을 안 들으면, 나는 너를 내 아들로 생각하지 않을 것이다."

친키가 돌에게 채찍을 세게 내리치자, 돌은 무서워 몸을 떨었다. 그 주위에 있던 돌도 마찬가지였다.

"어서 움직여! 저곳으로 가란 말이야! 내 명령을 들었으면 즉시 움직여야 할 것 아니야!"

"자, 봤지? 우리 사람들이 이 세상을 지배하는 동안에는 무슨 일이든 할 수 있는 거란다. 이건 만년설 산 아래에 있는 나무의 수액에 쿠치피유의 침을 섞어 만든 성스런 액이란다. 이 액을 단단한 바위에 바르면 부드럽게 된단다. 그러면 우리가 원하는 대로 손쉽게 다듬을 수 있단다."

이렇게 나날이 거대한 성벽이 세워졌으며, 울퉁불퉁한 돌도 깨끗이 다듬어졌고, 튼튼한 성과 돌계단과 하수구와 길이 만들어졌다. 그 어떤 돌도 친키와 그의 아버지 무르카의 명령을 거역할 수는 없었다. 벼랑 한가운데에도 난간이 놓여졌고, 사막까지 이르는 지하 하수구가 만들어졌으며, 산들은 원래 있던 곳에서 옮겨져 물을 저장하는 둑이 되거나 거센 바람으로부터 마을을 보호하기 위한 방패막이로 사용되었다.

그 어떤 돌도 인간의 명령에 불복하지 않았다. 그런데 언젠가부터 인간은 그런 힘을 잃어버리게 되었다. 사람들은 돌에게 소리쳤지만 모두 허사였다. 또한 채찍도 휘둘렀지만 역시 아무 소용도 없었다. 마침내 사람들은 성스런 액을 어떻게 만드는지도 잊게 되었다. 물론 그런 비밀을 아는 사람이 있었지만, 그들은 입을 다물었다. 힘이란 거저 주어지는 것이 아니라 좋은 일을 했을 때에만 가질 수 있는 것이었기 때문이다. 그래서 오늘날 몇몇 바위들은 인간들이 다시 옛날의 힘을 되찾을지도 모른다는 악몽을 꾸긴 하지만, 대부분의 바위들은 그런 생각조차 하지 않고 조용히 잠을 자고 있다.

그런데 사람들은 왜 이런 힘을 잃어버리게 되었을까? 이런 현상은 창공에 두 개의 태양이 모습을 드러내어 이 세상에 재앙을 일으킨 다음부터 일어났다. 하루도 채 지나지 않아 땅은 들끓기 시작했고, 돌들은 뜨거운 열을 받아 터져버렸으며, 숲은 검게 그슬려 잿더미가 되었다. 이런 재앙이 일어나자 친키와 무르카의 가족들은 대부분 목숨을 잃었다. 단지 땅 밑이나 산속의 동굴로 들어간 사람들만 간신히 목숨을 구했지만, 그곳의 생활에 적응하기란 쉽지 않았다. 몇몇 사람들이 그곳을 빠져나왔지만, 그들의 눈앞에 펼쳐진 세상은 완전히 새로워져 있었다. 그들은 모든 것을 처음부터 다시 시작해야만 했다. 아직 남아 있던 힘을 이용해 합

수십 톤에 달하는 바위를 산으로 옮겨 요새를 쌓은 모습.

심해서 일했으며, 식물을 재배했고, 동물들과 어울려 살았으며, 땅을 일구어 수확의 신비를 알게 해주었다. 또한 새총을 쏴서 불행을 야기하는 별들을 떨어뜨렸다.

지금 살고 있는 친키와 무르카의 후손들은 바위처럼 강인하고 부드러

우며 만년설처럼 고귀하다. 하지만 이제는 자연을 정복할 힘을 잃어버린 채 모든 인간들처럼 순리대로 살아간다.

# 은하수 탄생의 비밀

심술궂은 가뭄이 우리 마을을 찾아올 때마다, 사람들은 몽유병 환자처럼 비틀거리며 걸었다. 너무나 배가 고파 기운이 하나도 없었기 때문이다. 만일 쉬트카가 없었더라면, 아마도 모든 마을 사람들이 운명을 달리했을 것이다. 호숫가에 주로 피는 쉬트카는 잎사귀가 거칠고 푸른 꽃이 피는 맛없는 야생 무였지만, 이것만이 지독한 악취를 뿜어대며 식물들을 말라죽게 하는 늙고 잔인한 가뭄 귀신의 못된 장난에 살아남은 유일한 식물이었다.

이런 가뭄의 마녀가 키타락사를 방문하여 갖가지 못된 짓을 하고 있을 때였다. 그곳에는 열 살도 안 된 딸과 아들을 둔 어느 가족이 살고 있었다. 몇 달 동안 그 가족은 근근이 입에 풀칠하면서 하루를 연명하고 있었다. 그러나 결국 마지막 남은 옥수수를 먹어야 할 날이 오고 말았다. 부모들은 아이들이 깊이 잠든 한밤중에 옥수수 알을 볶아먹기로 마음먹었다. 아내는 아이들이 눈치채지 못하게 옥수수 알을 볶기 시작했지만, 옥수수 알은 펑펑 튀면서 한밤의 적막을 깨뜨렸다. 그녀는 아궁이에서 옥수수를 볶던 냄비를 치우려고 했다. 하지만 손을 데지 않기 위해서는 행주가 필요했다.

남편은 아궁이에 희미하게나마 남아 있던 불빛을 이용해 부엌을 온통 뒤지며 행주를 찾았다. 만일 행주를 빨리 찾지 못하면, 잘 구워진 옥수수가 다 타버릴지도 모르는 일이었다. 마음이 다급해진 아내가 말했다.

"어서 행주를 가져와요!"

"저 구석에 있어요."

뜨거운 냄비 위로 옥수수 알이 튀고 옥수수를 구운 구수한 냄새가 온 방안에 가득하자, 잠이 깬 남자아이가 말했다. 그러자 딸아이는 조심스럽게 어머니에게 행주를 갖다주었다.

자신들이 몰래 한 일이 들통나자, 부모들은 너무나 창피했고 한편으로는 화가 치밀었다. 그래서 딸과 아이들을 자루에 넣었다. 아버지는 자루를 들고 언덕 너머에 있는 절벽으로 가서 던져버렸다. 그러나 신의 은총 덕택이었는지 자루는 여자의 가슴처럼 움푹 튀어나온 곳에서 자라고 있던 나뭇가지에 걸렸다. 자루를 꽁꽁 묶은 밧줄이 나뭇가지에 걸린 것이었다. 날이 밝자 아이들은 자기들이 위험한 상황에 있다는 것을 알았다. 그들은 생각나는 수호신들의 이름을 모두 부르며 도와달라고 기도했다. 그리고 아주 조심스럽게 자루에 구멍을 뚫어 도움을 요청하기로 했다. 콘도르가 지날 때마다 그들은 도와달라고 했다.

"쿤투를라이, 쿤투르, 아파칼라아마이!(콘도르 아저씨, 콘도르 아저씨, 살려주세요!)"

그곳을 지나던 콘도르가 대답했다.

"얘들아! 지금 나는 파티에 악기를 연주하러 가는 중이야. 너무 급해서 너희를 꺼내줄 시간이 없어."

아이들의 외침을 들은 또 다른 콘도르는 이렇게 말했다.

"얘들아! 내가 파티에서 춤을 추기로 했거든. 그래서 일찍 가봐야 돼. 너희들을 도와줄 시간이 없어."

세번째 콘도르는 이렇게 대답했다.

"얘들아! 나는 악사와 무용수와 초대 손님들에게 요리를 해주기로 했어. 그런데 지금 너무 늦어서 너희를 도와줄 시간이 없어. 어서 가봐야 하거든."

네번째 콘도르 역시 아이들의 말에 귀를 기울이지 않았다.

"얘들아! 난 악사와 무용수들의 음식을 날라주어야 해. 그래서 시간이 없어."

이미 태양은 하늘 한가운데로 와 있었다. 그때 다섯번째 콘도르가 나타났다. 그는 비틀거리며 느리게 날고 있었다. 아마도 병에 걸렸거나 아니면 늙어서 힘이 없는 콘도르가 분명했다.

"쿤투를라이, 쿤투르, 아파칼라아마이!"

깜짝 놀란 콘도르는 이 소리가 어디에서 들리는지 알아보기 위해 고개

손에 북을 들고 축제를 벌이고 있는 모습.

를 돌려 이리저리 살펴보았다. 곧 아이들을 발견한 콘도르는 살려달라고 애원하는 그들이 너무나 측은해 보였다. 그래서 자루를 나뭇가지에서 꺼내 먼 곳으로 가져갔다.

"어디로 가시던 중이에요, 콘도르 아저씨?"

남자아이가 콘도르에게 물었다.

"음…… 나는 파티에 가는 중이었단다. 초대를 받았는데, 아주 훌륭한 파티가 될 거라고 하더구나. 하지만 내가 늙어서 그런지 모두들 나만 떼어놓고 먼저 가버렸단다."

잠시 휴식을 취한 콘도르는 다시 비틀거리며 날기 시작했다. 그는 나이 들어 기운이 없었고, 깃털도 많이 빠졌기 때문에 창공을 가르며 날렵하게 날아갈 수가 없었던 것이다.

아이들은 산과 평원을 헤매었다. 그런데 마침내 부리에 감자꽃을 물고 있던 참새를 보았다. 참새를 쫓아간 그들은 곧 꽃이 만발한 감자밭에 도착했다. 그들은 배고픔을 달래기 위해 땅을 휘저어 감자를 캤다. 그런데 그때 감자밭의 주인인 늙은 마녀 아치카이가 나타났다.

"불쌍한 아이들 같으니! 자, 우리집으로 가자꾸나. 우리집에는 먹을 게 많단다."

처음 며칠 동안 그녀는 기적 같은 솜씨를 보여주었다. 매일 밤 돌을 삶아 감자처럼 먹었던 것이다. 물론 아이들은 이 음식을 함께 먹을 수 없었다. 그리고 며칠 후 늙은 아치카이는 남자아이가 토실토실하게 살쪄야 한다면서 우리에 가두고 온 정성을 다해 보살피도록 했다. 또한 여자아이를 부엌으로 보내 아치카이와 그녀의 딸[최근에 출판된 글에 의하면 아치카이의 딸 이름은 로사나 마리아라고 한다. 이것은 아마도 이 이름이 안데스 지역에서 가장 흔히 쓰이는 이름이기 때문인 것으로 보인다. 그러나 이것은 이곳 사람들이 카톨릭을 완전히 받아들이지 않았다는 것을 간접적으로 의미하기도 한다: 옮긴이]을 돕도록 했다.

그날 이후 남자아이는 많은 음식을 먹고 정성 어린 보살핌을 받았다. 그러나 어느 날 밤 아이는 꿈을 꾸었다. 꿈에서 어떤 할아버지가 나타나 이렇게 말했다.

"밤마다 아치카이가 와서 네가 얼마나 살쪘는지 보고 싶으니 손가락을 보여달라고 할 것이다. 그러면 쥐꼬리를 보여주어라. 이제부터 쥐는 너와 함께 있을 것이다."

할아버지 말대로 아치카이는 닷새마다 한 번씩 한밤중에 남자아이가 갇힌 곳으로 와서 말했다.

"애야, 잘 지내니? 네 손가락을 보여다오."

"여기 있어요, 할머니."

남자아이는 아치카이에게 쥐꼬리를 보여주었다.

"아니, 이럴 수가! 이렇게 말랐단 말이야? 먹을 것을 제대로 주지 않는 것 같구나. 네 동생에게 더 많은 음식을 주라고 말해야겠구나."

늙은 아치카이는 계속 찾아와 손가락을 검사했고, 아이는 계속해서 쥐 꼬리를 보여주며 아치카이를 속였다. 그런데 어느 날 평소보다 이른 시간에 아치카이가 도착했다. 쥐가 아직 오지 않았기 때문에 아이는 하는 수 없이 손가락을 보여주어야만 했다.

"이제 아주 토실토실하구나. 네 동생이 내 말을 들은 효과가 이제야 나타나는구나. 그럼 너를 이 우리에서 꺼내 목욕을 시키라고 해야겠구나. 그래야 이와 서캐가 없어질 테니까."

그날 밤 여동생은 노파의 방에서 훌쩍거리며 우는 오빠의 울음 소리에 잠을 깼다. 그리고 놀라서 그곳으로 달려갔다.

"할머니, 오빠한테 무슨 일이 있는 거죠? 왜 우는 거죠?"

"아무 일도 아니란다. 내가 서캐와 이를 잡아주니까 네 오빠가 우는구나. 내일부터 오빠는 우리 밖에서 살게 될 거야."

마침내 새벽이 되자 울음 소리가 들리지 않았다. 여자아이는 떠오르는 햇빛에 눈을 뜨자마자 몰래 노파의 방으로 다가갔다. 노파는 마치 늙은 퓨마처럼 코를 골며 자고 있었다. 하지만 오빠의 모습은 어디에도 보이지 않았다. 바닥에는 핏자국과 뼈만이 흩어져 있었다. 여자아이는 이 노파가 바로 어린아이들을 잡아먹는 아치카이라는 사실을 깨달았다. 그녀는 뼈를 주워서 보자기에 둘둘 만 다음 그것을 품에 안았다. 그리고 자기가 이런 사실을 알고 있다는 것을 숨기기 위해 침대로 돌아와 아무 걱정 없이 편안히 잠을 자는 척했다.

노파는 잠에서 깨어나자마자 자기 딸을 불러 그날 할 일을 지시했다.

"너와 저 여자아이는 커다란 가마솥에 물을 끓이도록 해라. 물이 거품을 내며 끓어오르면 이 목걸이를 던져서 여자아이를 가마솥으로 오도록 해라. 그리고 그 아이가 목걸이를 보기 위해 몸을 숙이면, 끓는 물 속으로 밀어버려라. 그럼 우리는 오늘 아주 맛있는 점심을 먹을 수 있을 것이다. 나는 지금 나갔다가 점심때 돌아오마."

잠자는 척하던 여자아이는 대화를 모두 엿들었다. 잠시 후 아치카이의 딸은 그녀를 불러 그날 할 일을 전달했다. 노파의 말대로 그들은 물을 길어와 커다란 가마솥에 가득 채우고 아궁이에 불을 지폈다. 얼마 안 되어 물이 끓기 시작했다. 여자아이는 가마솥에서 멀찌감치 떨어져 있었다. 마침내 아치카이의 딸이 부르는 소리가 들렸다.

"이봐, 여기 가마솥 안에 아주 예쁜 게 들어 있어. 목걸이 같아. 빨리 와서 이걸 봐."

여자아이는 놀란 표정을 지으며 그곳으로 달려갔다. 하지만 아궁이 가까이에 오자 발걸음을 멈추고 말했다.

"어디에 있어? 자, 어디에 있는지 네가 가르쳐줘."

아치카이의 딸이 목걸이를 보여주려고 몸을 숙이는 순간, 뒤에 있던 여자아이는 그녀를 가마솥 안으로 밀어버렸다. 계획대로 일이 끝나자, 그녀는 뼈를 담은 보자기를 갖고 도망쳤다.

점심때가 되자 아치카이가 집으로 돌아왔다. 그녀는 가마솥으로 가서 그곳에서 푹 삶아진 고기를 보았다. 모든 일이 계획대로 이루어졌다고 생각한 그녀는 기쁜 표정을 지으며 배가 부를 때까지 그 고기를 마음껏 먹었다. 그리고 나자 그녀는 자기 딸이 보이지 않는다는 것을 깨달았다. 여러 번 이름을 불러보았지만 대답이 없었다. 그런데 그녀가 하품을 하자 갑자기 그녀의 뱃속에서 무언가가 꿈틀거렸다. 그녀는 일어나지 말아야 할 일이 일어났다는 불길한 예감을 느꼈다. 그래서 다시 큰 소리로 딸아이의 이름을 불러보았지만 역시 아무 대답이 없었다. 그러던 중 아치카이는 독한 방귀를 내뿜었다.

"마마이! (엄마!)"

방귀와 함께 희미한 목소리가 흘러나왔다.

이제는 의심의 여지가 없었다. 그녀는 자신이 딸을 먹어치웠다는 사실을 깨달았다. 어찌할 바 모르던 그녀는 바닥에 놓여 있던 커다랗고 평평한 돌로 달려가 그곳에 먹은 것을 모두 토해냈다. 토해낸 것은 흐물흐물한 반죽덩이 같았다. 아치카이는 아직 채 식지 않은 반죽덩이로 다시 자기 딸을 만들면서 이렇게 주문을 외웠다.

"와와 투쿠이. 와와 투쿠이(내 딸이 되어라. 내 딸이 되어라)."

이렇게 기적을 행하고 있는데, 근처에 있던 호기심 많고 심술궂은 개똥지빠귀가 인간의 형태를 취하던 구토물을 할퀴고 지나갔다.

"이런 빌어먹을 개똥지빠귀 같으니! 여기서 당장 꺼지지 못해! 항상 심술궂은 청개구리처럼 행동하니까 파차카막이 너에게 벌을 주었던 것이야! 그래서 영원히 네 엉덩이에 멍울을 지니고 다니는 거란 말이야!"

노파는 다시 주문을 외우기 시작했다. 마침내 흐물흐물했던 반죽덩이는 생명을 되찾아갔다. 그런데 아치카이의 딸이 앉으려고 하는 순간, 깜짝 놀란 개똥지빠귀는 하늘로 날아오르더니 공중에서 똥을 쌌다. 일부러 못된 짓을 한 것인지 아니면 너무 놀라 그런 것인지는 알 수 없지만, 어쨌든 똥을 맞은 아치카이의 딸은 바닥으로 나뒹굴더니 이내 다시 흐물흐물한 반죽덩이로 변해버리고 말았다.

"이런 빌어먹을 개똥지빠귀야! 넌 언젠가 이 대가를 치르고 말 거야!"

그러나 당장 복수를 할 수 없다는 사실에 화가 치민 노파는 자기 딸을 죽인 여자아이를 찾기 위해 집 안으로 뛰어들어갔다. 그러나 그곳에도 없음을 알자, 예민한 후각의 힘을 이용해 여자아이가 도망친 산길로 뒤쫓아가기 시작했다. 어린 여자아이는 산길을 오르느라고 피로에 지쳐 있었다. 그런데 하늘의 도움이었던지, 어떤 여우가 굴 입구를 코로 마구 파헤치고 있는 것을 보았다.

"아냐슬라이, 아냐스, 파카이칼라아마이!(여우 아가씨, 여우 아가씨! 나를 제발 숨겨주세요!). 저 못된 아치카이가 제 오빠를 먹어치웠어요. 여기 우리 오빠의 뼈가 있어요. 그리고 이제는 나를 잡아먹으려고 해요."

마녀의 악명을 익히 잘 알고 있던 여우는 그녀를 불쌍히 여겨 깊은 여우굴 속에 숨겨주었다. 그리고 계속해서 여우굴 입구를 코로 파헤치는 시늉을 하였다.

"여우 아가씨, 혹시 이 근처를 헤매고 있는 어린 여자아이를 못 보았나요?"

"못 봤어요, 할머니."

여우는 시큰둥하게 대답하고 콧등으로 흙을 파헤쳤다.

"못 봤다고! 하지만 여기 여자아이의 흔적이 있고, 냄새도 나는걸."

"좋아요. 만일 그 아이에 관한 말을 듣고 싶다면, 내 부탁을 들어주세요. 제 친척이 준 이 가죽을 하얗게 될 때까지 빨아주세요."

아치카이는 그 가죽을 받자마자 단숨에 근처 강가로 달려갔다. 그러나 몇 시간을 빨았지만 가죽의 검은 부분은 하얗게 되지 않았다. 마침내 아치카이는 그것이 자기를 속이려는 술책임을 깨닫고, 화가 나서 여우굴로 되돌아왔다.

"더럽고 간사한 여우년아! 여기서 당장 비키지 못해. 내가 직접 저 아이를 꺼내와야겠어."

노파가 이렇게 욕을 하는 동안, 여우는 그녀에게 등을 돌렸다. 그리고 꼬리를 들더니 노파의 눈을 향해 고약한 냄새와 쓰디쓴 맛이 나는 똥을 쏘았다. 그러자 노파는 역겨운 냄새와 눈의 고통을 참지 못해 데굴데굴 굴렀다. 여자아이는 그런 틈을 이용해 여우굴에서 빠져나와 다시 도망치기 시작했다.

잠시 후 아치카이는 통증에서 어느 정도 회복은 되었지만 눈을 제대로 뜰 수는 없었다. 그러나 그녀는 후각에 의존해 산기슭을 오르기 시작했다. 소녀와의 거리는 갈수록 짧아졌다. 어쩔 줄 모르던 여자아이는 키쉬키 나무가 우거진 숲속으로 들어갔다. 그곳에서는 우쿠마리아, 즉 흑곰이 나뭇잎을 먹고 있었다.

"우쿠마리알랴이, 우쿠마리아, 파카이칼라아마이! (곰 아저씨, 곰 아저씨! 나를 제발 숨겨주세요!)"

소녀를 불쌍히 여긴 곰은 키쉬키 나무 위에 올려놓고 잎으로 가려주었다. 잠시 후 도착한 아치카이도 한가롭게 키쉬키 나뭇잎을 따먹고 있던 곰을 보았다.

"곰 아저씨, 이 근처에서 여자아이를 보지 못했나요?"

마녀는 아주 정중하게 이렇게 물었다.

"음...... 보지 못했소."

이렇게 대답하고 곰은 계속해서 나뭇잎을 먹었다.

"못 봤다는 건 말도 안 돼요!"

그녀는 냄새를 맡으며 키쉬키 나무로 다가가 잎사귀를 들쳐보려고 했다. 그때 곰이 마녀의 팔을 잡으며 말했다.

"만일 그녀에 관해 알고 싶으면, 산꼭대기까지 이 둥근 바위를 굴려서 올려주시오. 이곳에 사는 산신령이 이 바위를 새총의 알로 사용하고 싶어 하니 말이오."

노파는 비탈길로 바위를 굴려 올라가려고 했지만, 바위는 다시 제자리로 되돌아와 그녀를 덮쳤다. 바위에 상처를 입은 그녀는 곰에게 속았다는 사실을 알고 화를 내며 말했다.

"이 돌처럼 둥그렇고 멍청한 빌어먹을 곰아! 그래서 파차카막이 너를 인간으로 만들어주지 않은 거야!"

그런 욕설에 익숙지 않았던 곰은 화가 치밀어 노파의 이마를 발톱으로 할퀴어버렸다. 그러자 노파는 기절하고 말았다. 이 기회를 틈타 소녀는 다시 산 위로 올라갔다. 하지만 다시 정신을 차린 마녀는 비틀거리면서 소녀를 뒤쫓기 시작했다. 소녀는 숨이 차서 헉헉거렸다. 산 정상에 가까이 오자 멀미가 날 것만 같았다. 그녀는 바위처럼 무거워진 발을 한 발짝도 옮길 수가 없었다. 저 아래에서는 아치카이가 뛰기고 하고 기기도 하면서 계속 거리를 좁혀왔다. 하지만 마녀는 전혀 피곤하지 않은 기색이었다. 소녀는 산 채로 그녀의 먹이가 되느니, 차라리 커다란 바위로 올라가 깊은 계곡으로 뛰어내리는 것이 낳겠다는 생각이 들었다. 그런데 바위 위에 오르자, 늙은 콘도르가 앉아 있었다. 깊은 생각에 잠겨 있던 콘도르는 소녀를 바라보았다.

"콘도르 아저씨! 콘도르 아저씨! 당신 날개 밑에 나를 숨겨주세요. 우리 오빠를 잡아먹은 아치카이가 나도 먹어치우려고 해요!"

이렇게 말하면서 소녀는 오빠의 뼈를 담은 보자기를 보여주었다. 그녀를 불쌍히 여긴 콘도르는 날개를 펼쳐 아버지 같은 애정으로 감싸주었다. 그리고 계속해서 바위로 가까이 다가오던 노파를 보면서, 인간들은 왜 증오하고 배고픔에 시달리면서 이 세상을 살고 있는지 곰곰이 생각했다.

"콘도르 아저씨! 이 바위로 올라온 여자아이가 어디로 갔는지 말해주세요."

"난 모르겠소."

콘도르는 마녀를 쳐다보지도 않은 채 점잖은 목소리로 대답했다.

"콘도르 아저씨, 당신은 모든 것을 알고 있어요. 제발 도와주세요. 제 딸아이를 찾을 수 있도록 도와주세요."

마녀는 아주 겸손하게 말했다.

"당신이 알고 싶다면, 이 바위 밑에 있는 체로 물을 담아오시오."

아치카이는 지체 없이 밀을 까부르는 체를 들고 근처 강가로 달려갔다. 그러나 체에 물을 담으려고 수없이 노력했지만, 얼마 안 되어 전부 새나갔다. 그러자 그녀는 콘도르에게 다가가 이렇게 말했다.

"빌어먹을 콘도르야! 넌 남의 가축을 훔쳐먹는 도둑놈이야. 씹지도 않고 산 채로 고기를 삼키는 빌어먹을 놈이야. 게다가 더럽고 발에도 비늘이 덮인 주제에 거짓말까지……"

욕이 채 끝나지도 않았는데, 마녀의 가슴으로 두발이 날아왔다. 마녀는 바닥에서 일어나 콘도르에게 돌을 집어던지려고 했다. 그 순간 콘도르는 날개로 그녀의 머리를 강하게 내리쳤다. 마녀는 까무러치고 말았다. 소녀는 콘도르에게 고맙다고 말하면서 다시 마녀에게서 빠져나왔다. 그리고 조금 더 기운을 내 산을 올라가자 마침내 정상에 도달했다. 그곳에서 여자아이는 끝도 없이 광활하게 펼쳐진 평원을 바라보았다. 이제 더 이상 산길을 올라갈 필요는 없었다. 평원 한복판에는 커다랗고 평평한 큰 돌이 있었고, 작은 돌들이 동산을 이루며 주위를 에워싸고 있었다. 이것은 여행자들이 소원을 기원하며 올려놓은 돌들이었다. 기진맥진한 소녀는 마지막 방법으로 돌을 올려놓으며, 그 돌의 정령과 자비로운 파차카막에게 도와달라고 애원했다. 바로 그 순간 타는 듯한 정오의 태양에서 황금사슬이 내려왔다. 소녀가 그 줄에 몸을 매달자, 황금사슬은 서서히 하늘로 올라가기 시작했다. 황급히 산꼭대기로 올라온 마녀는 황금사슬을 붙잡으려고 안간힘을 썼다.

파차카막이 자신에게도 관대한 아량을 베풀 것이라고 생각한 아치카이는 황금사슬을 보내달라고 부탁했다. 파차카막은 모든 사람의 청을 들어주는 자비로운 창조주였다. 또 다른 줄이 내려왔다. 그러나 그 줄은 금이 아니라 짚으로 만든 새끼줄이었다. 그녀가 새끼줄에 몸을 매달자, 역시 하늘로 올라가기 시작했다. 땅에 있던 모든 것이 점차로 작아 보이기 시작했고, 이제 더 이상 정령이 서린 돌도 보이지 않았다. 그녀는 구름을 지났다. 그런데 그때 아치카이는 '삭, 삭, 삭' 하는 소리를 들었다. 그 소리는 바로 줄을 타고 올라온 쥐가 내는 소리였다. 쥐는 새끼줄을 갉아먹고 있었다.

"빌어먹을 쥐야! 지금 주둥이로 뭣 하고 있는 거야? 왜 파차카막이 보내신 새끼줄을 물어뜯고 있는 거지?"

"나는 우리 어머니가 준비해주신 간식을 먹고 있는 거예요. 흥, 내가 무엇을 먹든 당신은 상관하지 말아요."

쥐는 이렇게 비웃으며 말했다. 그리고 계속해서 새끼줄을 갉아먹었다. 그 쥐는 소녀의 오빠에게 꼬리를 빌려주었고 바로 운명의 그날 밤 늦게 도착했던 쥐였다. 그 쥐는 산기슭에 앉아 어떻게 아치카이가 소녀의 오빠를 먹어치웠으며, 다른 동물들에게 푸대접을 받았는지 하나도 빠짐없이 지켜보았다. 마침내 밧줄이 끊어졌다.

떨어지는 순간 아치카이는 별로 겁을 먹지 않았다. 그녀는 하늘에 펼쳐진 하얀 담요 위로 사뿐히 떨어질 것이라고 생각했던 것이다. 하지만 뭉실뭉실 떠 있던 구름을 빠르게 통과하여 엄청난 속도로 땅을 향해 떨어지기 시작했고, 이내 그녀의 눈앞에는 대지의 모든 것들이 커다랗게 모습을 드러내었다. 그 순간 그녀는 자기가 마녀라는 사실을 떠올렸다. 그리고 이렇게 주문을 외우기 시작했다.

"팜팔라만. 팜팔라만. 팜팔라만(평원으로, 평원으로, 평원으로)."

하지만 그녀는 평원에 있던 평평한 돌로 떨어지고 있었다. 그러자 깜짝 놀란 그녀는 실수로 이렇게 외치고 말았다.

"파라랄람!……(반반한 돌!)"

그녀가 하고 싶었던 말은 '반반한 돌만 빼고!'였다. 하지만 이 모든 주문을 외울 시간이 없었다. 그녀는 '쿵!' 소리를 내며 파차마마(어머니 대지) 위에 놓인 단단한 돌 위로 떨어지고 말았다. 아치카이는 산산이 찢겨졌으며, 이렇게 찢겨진 그녀의 몸은 많은 것들의 기원이 되었다. 그녀의 머리칼은 가시가 되었으며, 그녀의 피는 냄새 고약한 늪지가 되었다. 또한 그녀의 이빨과 손톱과 뼈는 자갈과 돌멩이가 되었다. 그리고 그녀의 고약한 마지막 숨냄새는 식물들을 말라죽게 하는 먼지덩이가 되었다.

소녀는 환한 햇빛만이 비치는 영원한 봄의 장소에 도착했다. 그곳에서 그녀는 어떤 노인을 만났는데, 그는 오빠의 뼈를 동굴 입구에 놔두라고 가르쳐주었다. 그리고 다음날 점심때 그곳에 오면 사람이 된 오빠를 만날 수 있을 것이라고 말했다.

너무나 감격에 복받친 소녀는 오빠가 죽은 지 닷새째가 되던 날 동굴로 갔다. 점심 시간이 되려면 한참을 더 있어야 했다. 그런데 그때 그녀는 오빠를 보았다. 그러나 그는 힘이 없는 듯, 아주 힘들게 자리에서 일어나고 있었다. 그녀는 오빠를 깜짝 놀래주기로 마음먹었다. 하지만 달려가서 껴안는 순간 오빠는 힘없이 쓰러지고 말았다. 마치 모래나 눈으로 만든 것처럼 허약한 조각품 같았다. 그녀의 발 아래에는 단지 한줌의 재만 남아 있을 뿐이었다. 그러자 그녀는 '다음날 점심때'라고 했던 노인의 말을 떠올렸다. 그녀는 혼란스러웠다. 항상 햇빛이 비추는 이 세상에서 어떻게 아침과 점심을 구별할 수 있을까? 항상 똑같이 밝은데 언제가 점심때인지 어떻게 알 수 있을까? 하지만 이제 그녀는 더 이상의 것을 베풀어달라고 기도할 수가 없었다. 그녀는 재를 담아 근처의 산으로 갔다. 그리고 그곳에서 무한한 하늘을 바라보며 재를 뿌렸다. 그러자 하늘에는 희뿌연 강이 나타났다. 은하수라고 불리는 이 강을 안데스 사람들은 '마유(강)'라고 불렀다. 그리고 소녀는 지체 없이 공중으로 몸을 던져 검은 별로 변했다. 우리 눈으로는 볼 수 없는 이 검은 별을 케추아 사람들은 '야나쿠일루르' 혹은 '야나차스카'라고 부른다. 사람들은 그녀가 우윳빛 강을 이루는 이 빛나는 별들이 흩어지지 않고 함께 모여 다니도록 항상 보살핀다고 말한다.

제3부
케추아족은 누구일까

# 케추아족, 천둥의 아들

케추아어로 '포코이파차,' 즉 풍요의 계절 4월이었다. 비가 폭포처럼 눈물을 쏟으며 작별하는 달이었다. 그 눈물은 밭뿐만 아니라 가장 단단한 산에도 깊은 수렁이 파이게 했으며, 새로운 웅덩이를 만들고, 야쿠루나(수중 인간)에 관해 수많은 비밀을 속삭이며 흘러간다. 대낮이었지만 안개가 자욱이 끼어 있었다. 흩어지듯이 내리는 이슬비로 어두운 밤과 같았다. 처녀 쿠리와이타(황금 꽃)는 안데스 산지의 붉은 꽃인 칸투 열매를 따고 있었다. 원주민인 그녀는 안데스 산맥의 예쁜 딸이었으며, 뺨은 칸투꽃잎처럼 붉었고, 다정하면서도 수수께끼 같은 검은 눈망울은 마치 비쿠냐(남미의 안데스 산지에 사는 낙타과의 초식 동물: 옮긴이)의 눈 같았다. 비둘기가 아마도 멋있고 세련되고 활처럼 휜 그녀의 눈썹을 보았다면 질투를 느꼈을 것이다. 그녀는 몇 마리 되지 않는 가축에게 풀을 먹였고,

가축들은 고산 지대의 거친 풀을 뜯어먹으며 종종걸음으로 그녀를 쫓아가고 있었다.

번개가 칠 때마다 쿠리와이타는 예쁜 눈을 깜박였다. 그러면 얼마 후 천둥 소리가 사방에 울렸으며, 그 소리는 이내 메아리가 되어 다시 울려 퍼졌다. 번개는 신화 속의 뱀인 아마루처럼 번쩍거리며 지그재그로 산 위에 떨어졌다. 코리와칵(황금 눈물을 흘리는 동산) 위에 있던 쿠리와이타는 구름 속으로 햇빛이 비칠 때마다 자기 가축들을 바라보며 뜨개질을 하였다. 그녀의 모자는 칸투꽃으로 아름답게 꾸며져 있었다. 틀림없이 그녀가 마을로 돌아갈 때면 그 꽃은 걸음걸이에 맞추어 살랑살랑 춤을 출 것이었다. 그런데 그때 번개가 번쩍이더니 그녀의 머리 위로 떨어졌다. 그녀는 고통에 못 이겨 몸을 떨었지만, 그 느낌이 싫지만은 않았다. 그녀는 배를 움켜잡으며 땅바닥에 뒹굴었다. 칸투꽃잎에서 꿀을 빨아먹던 악어새만이 그 광경을 지켜보았다.

쿠리와이타가 집으로 돌아오자, 부모들은 그녀의 뺨이 창백해졌다는 사실을 알게 되었다. 그리고 그녀의 입술에서 미소가 사라졌음을 눈치챘다. 그녀는 모든 것을 사실대로 이야기했고, 부모들은 어떤 와카〔본래 '성역'을 일컫지만, 여기에서는 아름다운 존재나 추한 존재로 모습을 드러낼 수 있는 자연의 정령을 지칭한다: 옮긴이〕가 자기 딸의 몸 속으로 스며들어간 것이라고 생각했다.

이렇게 몇 달이 흘렀다. 쿠리와이타는 자기 뱃속에서 무언가가 꿈틀거리며 자라고 있다는 느낌을 받았다. 그녀는 부엌 구석에 숨어서 코리와칵에서 일어났던 일을 떠올렸다. 부모님들이야 그녀의 말을 믿을 테지만, 다른 사람들은 과연 어떻게 생각할까? 여자 친구들은 그녀가 모습을 보이지 않자 궁금증을 못 이겨 벌써부터 서로에게 물어보았으며, 남자 친구들 역시 인티라이미, 즉 태양의 축제에 그녀가 모습을 보이지 않자 이상하게 생각하였다. 어쨌거나 무언가 신비스런 것이 그녀의 뱃속에서 형체를 갖추어가고 있었다. 그녀는 절망에 빠져 많은 생각을 하였다. '와이라키야, 그러니까 바람의 달인 8월에는 회오리바람이 불어올 거야. 그리고는 코리와칵의 가장 단단한 바위에 나를 내동댕이칠 거야.' 하지만 그녀의 생각과는 달리 아무 일도 일어나지 않았다.

이렇게 열 달이 흘렀다. 와타우샤난 키야(12월)에 아주 커다랗고 이상한 아이가 태어났다. 바로 코리와칵에서 일이 일어났던 시간과 거의 같은 시간에 안개가 자욱이 낀 상태에서 칸투꽃잎처럼 붉은 얼굴의 아이가 태어난 것이었다. 할머니가 아이를 들어올리자, 아이는 모든 사람이 깜짝 놀랄 만큼 커다란 소리로 울었다.

"응애! 응애!"

그런데 그 순간 하늘에서 천둥 소리가 들렸다. 의심할 여지 없이 그 아이는 천둥의 아들이었다. 하지만 쿠리와이타는 출산의 고통을 참아낼 수 없었다. 아이는 머리가 아니라 다리가 먼저 나왔던 것이다. 그녀는 자기 아이를 보자 미소를 지었지만, 그 미소는 영원한 이별의 미소였다. 그녀는 이렇게 세상을 떠났다. 그녀는 아이의 비밀을 아무에게도 가르쳐주지 않기 위해 숨을 거둔 것 같았다. 아니면 천둥의 아들이 태어나면 반드시

투팍을 기리는 축제에서 투팍의 모습을 재현한 원주민의 모습.

숨을 거두어야만 하는 것인지도 몰랐다.

그녀의 부모들은 그 아이를 '힘센 사람'이라는 뜻의 '투팍'이라는 이름을 붙여주었다. 그들은 손자가 큰일을 할 수 있는 사람이라고 여겼던 것이다. 투팍은 그를 불쌍히 여긴 많은 여자들의 젖을 빨며 자랐다. 이렇게 그는 어머니의 젖이 아닌 다른 여자들의 젖으로 성장했다.

그의 할아버지 타이타키스와르는 사람이 지켜야 할 도리와 종교 의식과 일하는 법을 비롯해 신중하게 말하는 법도를 가르쳤다. 힘세고 똑똑하고 예쁘고 겸손한 투팍은 모든 마을 사람들의 사랑을 받았다. 심지어 그 마을의 추장조차도 그를 높이 평가했다. 그리고 마음속으로 '투팍은 훌륭한 전사가 될 거야. 가난한 집안에서 아버지가 누군지도 모르고 태어난 게 마음에 걸리기는 하지만……'이라고 생각했다.

투팍은 대나무 피리를 불었고 마카르(성스런 천으로 간주되며, 우리나라의 부적처럼 악마를 퇴치한다고 한다: 옮긴이) 벨트와 판초를 스스로 짰으며, 쿤투르 와카난('콘도르의 눈물'을 뜻하는 밧줄. 이것은 16개의 줄을 엮어가며 짜는데, 이 줄을 짜기 위해서는 수많은 인내가 필요하다. 바로 여기에서 '쿤투르 와카난을 짜는 인간의 인내에 콘도르도 운다'라는 속담이 탄생한다: 옮긴이)을 꼬았다. 또한 나무를 세공할 줄도 알았으며,

모든 종류의 춤을 추었고, 모든 별들을 알고 있었을 뿐만 아니라 그 의미를 이해해서 농업과 목축에 필요한 정보를 주었으며, 자기 조상들의 모든 역사를 외워 술술 말하기도 했다. 그러나 그 중에서도 더욱 특기할 만한 것은 어렵기 짝이 없는 잉카의 상형 문자를 읽고 쓸 줄 알았다는 것이다.

군대에 갈 나이가 되자, 투팍은 아주 훌륭한 남자가 되어 있었다. 그는 거센 강과 같은 힘을 갖고 있었고, 절대로 패자에게 모욕적인 언사를 구사하지 않았으며 약자에게는 구름처럼 부드러웠고, 슬픔과 절망에 빠진 사람들에게는 항상 격려의 말을 아끼지 않았다. 그의 빛나는 얼굴은 석양빛을 받은 구름 같았으며, 그의 눈은 어머니의 눈처럼 초롱초롱했고, 말은 신중하기 짝이 없었다. 그래서 많은 처녀들이 그를 사랑했다. 그러나 투팍은 어머니가 지닌 아름다움이 최고의 이상이라고 생각하고 있었다. 그는 사람들에게 들은 수많은 이야기를 통해 자기 어머니의 모습을 그렸으며, 수많은 처녀들 가운데에서 자기 어머니와 닮은 여자를 찾았다. 그렇지만 그런 여자는 없었다.

태어날 때부터 지닌 지혜인지는 모르겠지만, 그는 모든 행성과 사물의 힘을 읽는 능력을 지니고 있었다. 그는 평화로운 시기에 예술과 학문에 정통한 사람들을 양성해야 한다는 의견을 제시하여, 부락민들이 평화롭고 인간답게 살 수 있도록 했다.

투팍이 스물네 살 정도 되었을 때였다. 그의 할아버지 타이타키스와르는 케추아 부족의 관습대로 투팍에게 결혼할 나이가 되었으며, 결혼이란 반드시 필요한 것이라는 사실을 가르쳐주었다. 그러면서 함께 코리와칵으로 가자고 말했다. 그곳에 도착하자 할아버지는 처음으로 그녀의 어머니가 얼마나 아름다웠으며, 어떻게 그가 태어나게 되었는지를 이야기해 주었다. 바로 그 순간 칸투의 꽃잎에서 꿀을 먹고 있던 악어새도 그들의 이야기를 듣고 있었다. 투팍은 쉴새없이 머리를 아래위로 움직이는 악어새가 할아버지의 모든 이야기를 확인해주고 있다고 생각했다.

 노인이 여러 꽃과 식물을 따는 동안, 투팍은 아무 말 없이 앉아 있었다. 그는 눈을 들어 혹시 아버지 타이타일랴파(아버지 천둥)가 내려오지 않았을까 하고 주위를 둘러보았다. 그 순간 그의 눈에는 흰구름 사이로 푸른 하늘이 보였다. 그것은 광활한 푸른 우주의 눈이었다. 그는 누군가가 높은 곳에서 아무도 모르게 그를 지켜보고 있다는 사실에 감격하여 몸을 떨었다. 그는 악어새와 함께 아버지를 찾아 구름 위로 날아가는 꿈을 꾸었다. 그러나 이내 이것은 어머니 와이라(어머니 바람)가 내뿜는 입김에 의해 움직이는 작은 구름 조각에 불과할지도 모른다는 사실을 깨달았다. 그는 구름이 자기의 운명임을 깨달았다. 형체가 있는가 하면 없고, 작으면서도 크고 위대한 것이 그의 운명임을……

 이런 일이 있은 후부터 그는 더욱 말이 없어졌으며, 그 어떤 여자에게도 사랑을 느끼지 못했다.

 한편 추장의 외동딸이며 '아름다운 별'이라고 일컬어지던 슈막코이유르도 그에게 꽃을 받고 싶어했다. 꽃을 준다는 것은 사랑을 고백하는 것이었기 때문이다. 하지만 이런 깊은 뜻을 모르던 그는 아무 생각 없이 그녀의 소원을 들어주었다. 그러자 그녀는 한걸음 더 나아가 인티라이미의 축제에서 자기의 파트너가 되어달라고 부탁했다. 그는 그녀의 가슴에 상처를 입히지 않기 위해서 부탁을 들어주었다.

그들은 인티라이미의 축제에서 강물·사슴·악어새·비둘기를 흉내 내고 구두 소리로 장단을 맞추어가면서 춤을 추었다. 그러나 축제가 끝난 후 나눈 몇 마디의 말이 그들을 결정적으로 헤어지게 만든 이유가 되었다. 슈막코이유르는 청혼이 거절되었음을 깨닫고 자기의 성에 틀어박힌 채 밖으로 나오지 않았다.

태양신을 기리는 인티라이미의 축제에 참가한 여인들의 모습.

추장은 투팍이 자기 딸을 싫어한다는 소문을 듣고 공개적으로 그에게 모욕을 줄 방법을 찾았다. 추장은 투팍이 평범한 잡초에 불과하며, 자기 부하의 한 사람이라는 사실을 가르쳐주고 싶었던 것이다.

비가 일주일 내내 퍼붓던 어느 날이었다. 추장은 집으로 부락의 주요 인사들을 모두 불러모았다. 투팍에게도 오라는 명령을 내렸다. 마을 사람들은 초대를 받지 않았지만 어떤 말들이 오가는지 직접 두 눈으로 확인하기 위해 추장집 마당에 모였다. 그들은 좋은 해결책이 내려지기를 염원하며 침묵을 지키고 있었다.

그때 추장이 모습을 나타냈다.

"벌써 일주일째 쉬지도 않고 비가 옵니다. 우리의 밭은 썩어가고 있고, 가축들은 죽어가고 있으며, 강은 무서운 소리를 내며 울부짖고, 호수는 범람하기 일보 직전입니다. 또한 우리의 장작도 거의 떨어져가고 있습니다. 이것은 위대하신 파차카막이 내리신 벌임에 틀림없습니다. 하지만 도대체 우리에게 무슨 죄가 있습니까?"

추장은 입을 다물고 천천히 주위를 둘러보았다. 침묵을 지키고 있던 마을 사람들 역시 서로를 바라보았다.

"혹시 우리들 중에 수파이의 아들이 있는 것은 아닙니까?"

그는 이렇게 말하면서 원망의 눈초리로 투팍을 바라보았다. 마을 사람들은 그 시선이 무엇을 의미하는지 알고 고개를 숙였다.

"아니면 누군가가 자기 자신의 처지를 잊고 잘난 체한 것이 아닐까?"

다시 추장은 투팍을 쳐다보았다. 그리고는 이렇게 명령했다.

"투팍, 너는 네 자신이 청렴결백하고 모든 것을 해결할 수 있다고 믿고 있다. 그렇다면 네가 이 소나기를 잠재울 수 있겠느냐?"

투팍은 일어섰다. 그때 투팍의 할아버지 타이타키스와르도 고개를 조아리며 앞으로 나섰다.

"투팍의 아버지시여! 내 아들 투팍이여……"

그러자 추장은 비웃으며 말했다.

"당신 아들이라고? 저 아이는 출산하면서 죽은 네 딸의 아이가 아니냐? 그리고 아버지가 누구인지도 모르지 않느냐?"

그곳에 모인 마을 사람들은 쥐죽은듯이 침묵을 지켰다. 투팍은 분노에 가득 찬 눈빛으로 추장을 노려보았다. 추장은 뒷걸음질을 쳤다. 그러자 할아버지 키스와르는 투팍의 다리를 움켜잡으며 외쳤다.
"아마, 투팍, 아마!(안 돼, 투팍, 안 돼!)"

사람들은 투팍의 시선에 억누를 수 없는 분노가 담겨져 있음을 보았다. 그 눈에서는 가장 강하고 거만한 사람도 굴복시킬 수 있는 보이지 않는 불빛이 뿜어져나오고 있었다. 그의 입술은 분노를 참지 못해 떨렸고, 그의 얼굴은 칸투꽃처럼 벌겋게 상기되어 있었다. 그는 판초를 어깨 위에 걸치며 소리쳤다.

"그렇소, 나는 이 소나기를 멈출 수 있소!"

그는 퍼붓는 소나기를 향해 우레 같은 목소리로 외쳤다.

"하늘이시여! 이 비를 멈춰주십시오! 구름이여, 저 멀리 떠나가라!"

하늘의 뜻이었는지 아니었는지는 알 수 없지만, 순식간에 회오리바람이 불어와 낮게 드리우고 있던 까만 구름들을 모두 멀리 내쫓아버렸다.

마침내 타이타인티(아버지 태양)의 따스한 빛이 내리쬐었다. 그러나 우레 같은 투팍의 목소리에 산들은 벌벌 떨면서 무너져내렸고, 호수에서는 거센 파도가 일기 시작했다. 호숫물이 넘쳐흐르려는 순간, 투팍이 다시 큰 소리로 외쳤다.

"어머니 야쿠(어머니 물)이시여! 제발 분노를 가라앉히고 진정하십시오!"

그의 말은 명령과 같았다. 모든 것이 그의 뜻대로 이루어졌다. 숨겨진 자신의 능력에 놀란 투팍은 밖으로 뛰쳐나갔다. 그리고 산속으로 모습을 감추었다.

　마을 사람들은 투팍의 숨은 능력에 놀라지 않을 수 없었다. 그러나 추장은 거기에서 포기하지 않았다. 그는 이것이야말로 투팍이 수파이의 아들이라는 것을 공개적으로 보여준 것이며, 그래서 더 이상 파차카막의 벌을 받지 않기 위해 마을을 떠난 것이라고 말했다. 몇몇 사람들은 이런 말을 믿었지만, 나머지 사람들은 투팍이 고귀한 성품을 지녔으며, 불행히도 아무런 자손도 남기지 않은 채 이 세상에서 사라졌다고 애석해하면서 계속해서 그를 우러러보았다.

　시간이 흘렀다. 슈막코이유르는 원인 모르는 병으로 갑자기 세상을 떠났다. 하녀는 독거미에 물렸다고 말했지만, 추장은 마을 의사인 타이타키스와르나 투팍의 친구들에게 도움을 요청하지 않았다. 그 대신 다른 부락의 유명한 의원을 데려오라고 지시했다. 하지만 의원이 도착했을 때 슈막코이유르의 몸에는 이미 많은 물집이 생겨 퉁퉁 부어 있었다. 그녀는 죽음의 문턱에 와 있었던 것이다. 그러나 그녀는 계속해서 이런 말을 되뇌었다.

　"투팍, 당신은 수파이의 아들이 아니에요……"
　이렇게 말하면서 그녀는 숨을 거두었다.

　투팍은 악어새를 통해 슈막코이유르가 죽었다는 소식을 들었다. 그는 두 개의 만년설 봉우리가 만나는 깊은 계곡에서 살고 있었다. 그곳은 대나무와 키스와르(안데스 산지에서 자라는 커다랗고 튼튼한 나무)를 비롯한 많은 나무들이 울창하게 우거져 있었다. 그는 그곳에 있는 동굴에서 야생 감자나 '샤카우야'라는 식용 난초와 과일들을 따먹으며 살았다. 이 모든 것은 투팍이 깊은 산속에서 살 수 있도록 자연이 배려해준 선물이었다. 그는 추위도 느끼지 않았고 외롭지도 않았다. 그것은 곰이나 사슴, 혹은 여우나 퓨마를 비롯한 숲속의 동물들이 모두 그의 친구였기 때문이다. 그는 그 중에서도 특히 악어새와 말하는 것을 좋아했다. 이 악어새는 그의 어머니가 가장 좋아하던 꽃이 칸투라는 사실을 그에게 가르쳐주었다.

몇 년이 흘렀다. 추장은 이제 제정신이 아니었다. 최고 통치자가 이성을 잃어버리면, 모든 마을이 위험에 처하게 되는 법이다. 추장은 노인과 아이들을 마구 때리면서 사랑하는 딸을 잃은 자신의 고통과 절망을 해소하려고 했다. 그러자 사람들은 이렇게 수군거렸다.

"마치 수파이의 아들 같아. 하지만 어쩌겠어? 우리의 추장인데."

어느 날 아침 노인 키스와르는 자기 농장에 심을 옥수수 씨앗을 얻기 위해 추장에게 갔다. 그러나 추장은 인티와타나라는 커다란 돌로 만든 해시계에 노인을 꽁꽁 묶으라고 지시했다. 추장은 용설란 줄기를 매단 가죽 채찍으로 그를 마구 때리기 시작했다. 그러자 노인의 찢겨진 옷이 조각이 되어 바람에 날아갔다. 노인은 용설란 줄기가 살에 닿자 타는 듯한 통증을 느꼈고, 이내 그의 온몸에는 붉은 채찍줄이 선명하게 드러났다. 추장은 이 모습을 보고 즐거워하였다.

"쿠라카! 수파이파와완!(추장, 당신은 수파이의 아들이오!) 당신은 가련한 구더기가 되어 다시 태어날 것이오."

노인은 이렇게 외쳤다.

그런데 우연히 악어새 한 마리가 리막팜파(대광장)를 지나다가 이 장면을 목격하였다. 악어새는 단숨에 투팍에게 날아갔다. 그리고는 깊이 숨을 들이쉬며 숨찬 목소리로 마을에서 일어나고 있는 일에 대해 말해주었다. 콘도르를 길들이고 있던 투팍은 하던 일을 멈추었다. 그리고 친구들과 작별할 시간도 없이 사슴처럼 빠르게 산 위로 올라갔다가 퓨마처럼 날쌔게 계곡으로 내려왔다. 평원을 달리는 그의 모습은 흡사 바람 같았다. 악어새는 그의 어깨 위에 앉아 방향을 안내하였다.

그가 리막팜파에 도착했을 때, 타이타인티(아버지 태양)는 황금빛 노을로 검은 산맥을 누렇게 물들이고 있었다. 겁을 먹은 채 한마디 말도 못하고 눈물을 흘리며 모여 있던 마을 사람들은 그가 8월의 회오리바람처럼 추장의 집으로 들어가는 것을 보았다. 투팍은 고통으로 신음하던 할아버지 앞에 멈추었다. 추장은 채찍을 들어 그를 내리치려고 했지만, 투팍은 재빨리 그 채찍을 빼앗아 갈기갈기 찢어버렸다. 다시 천둥 소리가 울렸다. 추장은 칼을 들어 투팍의 심장을 찌르려고 했다. 하지만 강렬한 시선으로 노려보자 추장의 몸은 마비되었다. 그리고는 바닥에 고꾸라졌다. 투팍은 노인을 일으켜세운 다음, 가슴에 꼭 안았다. 노인은 얼굴에 엷은 미소를 지었다. 그러나 그것이 마지막이었다. 투팍은 마음 깊은 곳에서 우러나오는 찢어질 듯한 비명을 질렀고, 그의 눈에서는 눈물이 샘물처럼 솟아올랐다. 그러자 구름 한 점 없던 하늘에 검은 구름이 드리워졌다.

"파차마마이시여!(어머니 대지이시여!) 이 잔인한 추장을 삼켜주소서!"
그는 이렇게 외쳤다.

그러자 갑자기 땅이 흔들리더니 커다란 입을 벌렸다. 그리고 하늘을 날려는 새의 날갯짓처럼 고꾸라진 추장을 삼켜버렸다. 그리고 그곳에서는 검은 물이 솟아나왔다.

투팍은 할아버지를 친척들의 손에 넘겨주고 미친 듯이 코리와콱 산을 향해 뛰어갔다. 그리고는 회오리바람을 타고 어둠을 헤치며 해가 비치는 밝은 곳으로 나아갔다. 코리와콱에서는 와칸쿠(눈물 같은 꽃잎을 지녔다는 안데스 산지의 꽃: 옮긴이)와 칸투꽃들이 울고 있었으며, 만년설이 뒤덮인 로코투 산에서는 닭똥 같은 굵은 눈물이 흘러내렸다.

리막팜파에는 한 그루의 나무가 싹을 틔웠다. 그 잎사귀는 손에 경련을 일으키며 절망적인 표정으로 죽어간 추장을 떠올리게 했다. 그래서 사람들은 그 나무를 '마키마키'라고 불렀다. 사람들은 밤이 되면 그 나무가 추장의 모습을 하고, 두 손을 모아 그곳을 지나는 모든 사람들에게 용서를 빈다고 한다.

오늘날 안데스 산지에 천둥이 치거나 폭풍이 몰아치면 사람들은 이렇게 말한다.

"투팍이시여, 당신의 분노를 가라앉히십시오. 우리는 당신의 후손입니다."

또한 갑자기 시꺼먼 구름이 몰려오거나 혹은 바람에 실려 먼 땅에서 구름들이 오면 이렇게 말한다.

"아마투팍이 돌아오고 있다."

그러면서 그 구름 속에서 투팍의 모습을 찾으려고 애를 쓴다. 그리고 악어새에게 종종 이렇게 말하는 소리를 듣기도 한다.

"악어새야! 악어새야! 투팍에게 우리를 잊지 말라고 전해줘. 그리고 아직도 마을 사람들을 마구 죽이는 추장들이 있다고 말해줘."

# 케추아족은 곰의 자손

### 환웅의 탄생

우르피는 알파카를 치는 젊은 처녀였다. 안데스의 활짝 핀 꽃 같은 그녀는 가시 많은 키쉬키 나무[가시 많은 식물로 알로에와 유사하며, 건조한 지역에서 잘 자란다: 옮긴이]가 우거진 언덕에서 알파카에게 풀을 먹였으며 울창한 숲으로 둘러싸인 깊은 계곡으로 내려가 과일과 꽃을 가득 따오곤 했다.

그녀는 야생 목초로 뒤덮인 바위투성이의 산기슭을 걸어다니면서 외로움을 달래기 위해 야라비[남미 원주민들이 부르는 애조 띤 민요 가락: 옮긴이]를 흥얼거렸고, 희뿌연 새들 못지않게 멋진 휘파람을 불곤 했다. 또한 가끔씩 자기의 메아리와 함께 대화를 나누었으며, 그런 것도 싫증이

나면 변덕스럽게 모양을 바꾸며 떠도는 구름을 지켜보면서 자기의 운명과 세상의 신비를 읽으려고 했다.

그 산속에는 검은 곰들이 살고 있었다. 케추아어로 '야나푸마'(검은 퓨마) 혹은 '우쿠쿠' 또는 '우쿠마리'라고 불리는 이 검은 곰들은 가시가 가득한 키쉬키 나무의 여린 심을 몹시 좋아했다. 그리고 그들 중에는 오래전부터 우르피를 지켜보던 곰이 한 마리 있었다.

어느 날 알파카들이 홀로 우리로 되돌아왔다. 그녀가 사라진 것이었다. 마을 사람들이 산과 들을 돌아다니며 우르피를 찾아 헤매었지만 찾을 수 없었다. 그들은 아마도 우르피가 산이나 동굴의 마법에 걸려 사라졌을 것이라고 생각했다. 실제로 산이나 동굴은 아무런 흔적도 남기지 않고 원하는 사람을 잡아먹곤 했다. 이런 자연의 비밀을 알던 노인들은 인간의 몸과 영혼을 사로잡은 산이 원기를 되찾아 전보다 더욱 강하게 된다고 믿었다. 그 사실을 알고 있던 어머니 달은 사람에게 해를 끼치는 산을 무서워하여 가까이 가지 않았다.

단지 코카 잎으로 신비의 힘을 해석할 수 있었던 점쟁이만이 푸른 코카 잎에서 씁쓸한 맛을 느꼈다. 그리고 코카가 무언가를 예고하고 있음을 알았다.

'우르피에게 안 좋은 일이 일어났군.'

그는 굳은살이 배긴 손으로 주먹을 쥐었다. 잠시 후 점쟁이는 입에 물고 있던 코카 잎을 꺼내 살펴보았다. 코카 잎에 새겨진 두 개의 꽃실이 볼록하게 튀어나와 있었다.

'물결이 거센 강물이 안데스 산맥에서 내려오고 있군. 깊은 흔적과 영원히 지워지지 않는 기억을 남기며……'

그는 중얼거리며 이렇게 말을 맺었다.

'이게 그녀의 운명인 게야.'

그때 밤바람이 거세게 불어왔다. 그는 자기의 점괘가 방해받지 않도록 문을 닫았다. 그리고 점괘를 곰곰이 되새기면서 다시 코카 잎을 입에 물었다.

알파카를 몰고 가는 원주민의 모습.

'비둘기'를 의미하는 우르피라는 이름을 지닌 처녀는 곰에게 납치되었다. 하지만 곰은 사랑이란 건드리지 않고 바라보기만 해도 좋다는 것을 모르는 동물이었다. 곰은 그녀가 과일을 따고 있을 때 잡초 사이로 나타나 그녀의 외침에는 아랑곳하지 않은 채 자기가 살던 곳으로 데려갔던 것이다. 그곳은 절벽으로 둘러싸여 있어서 인간의 손이 닿을 수 없었다.

그녀는 수많은 나날을 슬픔에 젖어 보냈으며 자기가 왜 이런 비극적인 운명을 지녀야 하는지 이해할 수 없었다. 또한 우르피라는 이름을 갖고 있는 자신이 왜 익히지도 않은 고기와 산속의 과일을 따먹어야 하고, 곰과 함께 살면서 곰의 생활에 적응해야 하는지도 알 수 없었다. 그녀는 콘도르나 악어새로 변해 훨훨 날아서 감옥 같은 곰의 소굴을 빠져나갈 수 있다면 얼마나 좋을까 생각했다. 그녀는 태양과 달과 조상들을 부르며 애원했지만, 아무도 그녀를 위해 달려오지 않았다. 그러나 우르피는 구출될 수 있으리라는 일말의 희망을 가지고 수많은 고통을 이겨냈다.

우르피가 사라진 지 채 일 년이 되기도 전에 남자 아이가 태어났다. 그 아이는 아버지 곰을 닮아 온몸에 털이 많았다. 아이는 우르피의 마지막 희망이었다. 어떤 이름을 아이에게 붙여주었는지는 아무도 알 수 없다. 그들만 사는 깊은 산속에서 구태여 이름을 붙일 필요는 없었던 것이다. 다만 아이가 마을로 돌아와 사람들과 함께 살게 되었을 때야 비로소 '푸마촐로,' 즉 환웅[여기에서 환웅은 단군 신화에 나오는 환웅(桓雄)이 아니라 환Juan이라는 곰(雄) 인간을 뜻한다: 옮긴이]이라는 이름이 생겼다.

어린 환웅은 강인하고 똑똑하게 자라났으며 어떻게 어머니가 곰과 살게 되었는지도 알게 되었다. 어느 날 환웅은 아버지가 잠자리를 거부한 우르피에게 욕설을 퍼붓는 모습을 목격하게 되었다. 너무나 화가 난 그는 아버지를 붙잡아 벼랑으로 던져버렸다. 그들은 그 죽음에 눈물 한 방울도 흘리지 않았다. 콘도르와 다른 새들은 아버지 곰의 시체를 푸짐한 음식 삼아 축제를 벌이며 즐거워했다.

우르피가 아들과 함께 마을로 돌아오자 사람들은 너무나 놀라 입을 다물지 못했다. 그러나 우르피가 그 동안 있었던 일을 이야기하자, 마을 사람들은 귀향을 축하하며 그녀를 위로해주었다. 그날 이후 마을 사람들은 검은 곰과의 전쟁을 선포했다.

## 젊은 환웅의 모험담

〔이 이야기의 주인공인 환웅의 모험에 관해서는 여러 가지 이야기가 있다. 여러 마을에서 세대를 거듭해 내려오면서 시대나 지리적 상황, 혹은 사회적 변화에 따라 수시로 변형되었던 것이다. 따라서 전해내려오는 여러 이야기 속에 추장 대신 신부, 야마 대신 당나귀, 혹은 교회의 종소리나 세례 등과 같은 유럽적인 요소가 등장하기도 한다.〕

처음에 어린 환웅은 많은 아이들과 싸워야만 했다. 그의 특이한 외모 때문에 놀림감이 되었던 것이다. 하지만 그의 뛰어난 힘과 용기를 본 아이들은 그와 함께 놀기를 좋아했다. 그러나 이내 우르피의 집은 심각한 문제로 가득 차게 되었다. 마을의 모든 소년 중에서 가장 키가 컸던 환웅이 매끼니마다 10인분 이상을 먹어치웠기 때문이다. 그는 하룻동안 감자 한 자루나 알파카 한 마리, 삶은 옥수수 한 가마, 튀긴 옥수수 한 자루를 먹어치웠다.

추장은 이 아이의 힘이 엄청나다는 소식을 듣자, 할아버지에게 환웅을 자기 집에서 하인으로 부리고 싶다는 전갈을 전해왔다. 할아버지는 손자를 마을에서 가장 권력이 있고 부자인 추장의 집으로 데려가기로 마음먹었다. 물론 그는 손자가 얼마나 많이 먹는지에 대해서는 일언반구도 하지 않았다.

처음 며칠 동안 추장은 이 소년이 건장한 청년 열 명을 합쳐놓은 것보다 더 힘이 센 것을 보고 아주 만족해했다. 그는 혼자서 커다란 감자 자루

몇 개를 거뜬히 짊어졌으며, 커다란 바위도 혼자 들었으며, 두껍고 긴 대들보도 혼자 짊어졌고, 나무도 송두리째 뽑아내어 새로운 경작지를 개척하기도 했다. 또한 그는 추장의 말에 복종했으며, 지시를 어기는 법이 없었다. 그러나 몇 달이 지나자 추장은 이 소년이 곳간에 쌓인 곡식의 반 이상을 혼자 먹어치웠으며, 하루에 알파카 한 마리 정도는 거뜬히 먹는다는 사실을 알았다. 추장은 가능한 한 빨리 이 문제를 해결해야겠다고 마음먹었다.

어느 날 아침 일찍 추장은 가장 힘세고 용감하며 충성스러운 열 명의 사내를 불러모았다. 그리고 그들에게 환웅을 죽일 계획을 알려주었다.

"오늘 오후 환웅을 벼랑 꼭대기로 보내 해가 질 때까지 불어난 강물을 지켜보라고 할 것이다. 너희들은 몰래 그의 뒤로 접근해서 밀어버리도록 하라. 그러면 절벽으로 떨어져 영영 돌아오지 못할 것이다."

추장의 모습. 머리와 몸에 줄을 두르고 있는 것이 인상적이다.

"예, 주인님. 걱정하지 마십시오. 하지만 우리가 오랜 시간을 기다려야 하니, 지겹지 않도록 술 한 통만 주십시오. 그 술을 마시면 더욱 기운이 솟구칠 겁니다."

"물론이지. 한 통이 아니라 두 통이라도 줄 테니 내 계획대로만 해주게."

환웅은 점심 무렵 가장 높은 절벽으로 올라가 불어난 강물을 지켜보라는 지시를 받았다. 그곳에 도착한 그는 몇 시간 동안 상큼한 공기를 호흡하며, 나무와 가축과 돌들이 강물에 휩쓸려가는 모습을 바라보았다. 그는 그 일이 하나도 지겹지 않았다. 그런데 갑자기 악어새가 다가왔다.

"환웅? 환웅?"

환웅은 다정한 목소리에 놀라 뒤를 돌아보았다. 그러자 악어새가 말했다.

"당신에게 말해줄 비밀이 있어요. 당신에게 말해줄 비밀이 있단 말이에요."

"비밀이라고? 그럼 말해보렴."

"하지만 먼저 많은 땅에 내가 좋아하는 꽃을 심겠다고 약속하세요."

"그래, 약속할게. 나도 꽃을 좋아하거든."

"술에 취해 비틀거리는 열 명의 사내들이 당신 등을 떠밀어 죽일 거라고 말하면서 이리로 오고 있어요."

"그렇게 말하고 있단 말이야? 알려줘서 고마워. 음…… 저기 아래쪽으로 올라오는 사람들이 보이는군."

환웅은 그들이 가까이 올 때까지 마치 아무것도 모르는 척하면서 강물을 지켜보았다. 충분히 가까이 왔다는 생각이 들자, 그는 그들을 만난 것이 뜻밖이라는 표정을 지으며, 두 손을 허리에 올려놓고 그들을 바라보았다.

"환웅, 여기서 뭐 하는 거야?"

사내들 중의 한 명이 물었다.

"저기 아래에서 벌거벗고 목욕하는 여자를 바라보고 있었어. 하지만 너무나 오랫동안 바라보아서 그런지 이제는 지겨워. 그래서 더 예쁘고 젊은 여자가 나타나길 기다리고 있던 중이야."

"정말이야? 우리도 좀 보여줘."

열 명의 사내들은 앞을 다투어 벼랑 끝으로 올라왔다. 환웅은 그들이 벼랑 끝에 몸을 숙여서 벌거벗은 여자를 찾도록 옆으로 비켜주었다. 그리고 그들을 모두 벼랑 밑으로 떠밀어버렸다.

밤이 되자 환웅은 집으로 돌아왔다. 추장은 깜짝 놀랐다.

"추장님. 강물은 흙투성이입니다. 그리고 나무와 가축과 돌들뿐만 아니라 술 취한 사람들까지도 휩쓸어가고 있습니다."

"음…… 알았네. 배고프겠군. 부엌으로 가서 밥을 달라고 하게."

추장은 자기의 계획이 수포로 돌아갔음을 알고 간신히 이렇게 말했다. 그러자 환웅이 대답했다.

"고맙습니다, 추장님."

그러나 추장은 여기에서 단념하지 않았다. 그는 높은 산에서 자라는 나무로 땔감을 해야겠다는 핑계를 대며, 환웅에게 나무를 해오라고 지시했다. 그리고 그의 식량으로 구운 옥수수 한 자루와 늙은 야마 두 마리를 주었다. 땔감을 싣고 오도록 준 야마였지만, 그 야마들은 너무 늙어 제대로 걸을 수도 없었다. 하지만 환웅은 아무런 질문도 하지 않은 채, 옥수수 자루를 메고 야마 두 마리를 몰며 산으로 갔다. 꽃이 만발한 언덕길을 얼마 오르지도 않았는데 야마들은 피로한 기색이 완연했다. 그러나 환웅은 야마들에게 채찍을 내리치며 빨리 걸으라고 재촉하지 않았다. 늙은 야마들을 불쌍히 여긴 그는 양어깨에 한 마리씩 짊어지고 산으로 올라갔다. 사흘 동안 걸은 후에야 그는 나무가 빽빽하게 우거진 산에 도착할 수 있었다. 피로에 지친 환웅은 커다란 나무 밑에 기대어 옥수수를 먹었다. 그러나 너무나 피곤한 나머지 잠이 들고 말았다. 한 시간 후 잠에서 깨어난 그는 주위를 둘러보았다. 야마들이 눈에 보이지 않았다. 너무 놀란 그는 야마들을 찾기 시작했다. 그러나 단지 뼈다귀만을 찾을 수 있었다. 그리고 그 옆에는 퓨마 네 마리가 아직도 입술을 핥으며 누워 있었다. 퓨마들은 그를 보자 무섭게 포효하며 달려들었다. 환웅은 한 발짝도 물러나지 않고 그들과 맞서 싸웠다. 퓨마들은 모두 그의 주먹을 맞고 땅바닥에 드러누웠다. 환웅은 퓨마들을 꽁꽁 묶었다. 그리고 땔감 역시 꽁꽁 묶었다.

일주일 후, 아주 이른 아침에 그는 땔감 위에 네 마리의 짐승을 얹어 꽂이 활짝 핀 산을 내려왔다. 사람들은 하나같이 환웅의 용기와 힘을 칭찬했다. 추장은 놀라움을 감추면서 모든 마을 사람들에게 환웅이 가장 용감하다고 추켜세웠다.

바로 그날 밤 추장은 은밀히 환웅을 불러 이 맹수들이 마을을 공격할지도 모르니 본래 그들이 있었던 자리에 갖다놓으라고 지시했다. 그리고는 다시 구운 옥수수 한 자루를 먹을 것으로 주겠다고 말했다. 다음날 날이 채 밝기도 전에 환웅은 먹을 것을 짊어진 채 맹수들을 몰며 집을 나섰다. 그리고 울창한 숲이 굽어보이는 가장 높은 산에 오르자, 맹수들을 풀어주면서 소리를 지르고 돌을 던졌다. 깜짝 놀란 맹수들은 산 아래로 마구 달려가기 시작했다. 그리고는 더 이상 산꼭대기 근처에는 얼씬도 하지 않았다.

### 저주받은 귀신과 싸우다

추장은 어느 마을에 주인이 갑작스럽게 죽어 버려진 커다란 집이 있다는 소식을 들었다. 언제 귀신이 나타날지 몰라 아무도 그 집 근처에는 얼씬도 하지 않는다고 했다.
"환웅아, 내일 아침 그 마을로 가서 저주받은 귀신의 집을 물어보도록 해라. 그리고 그곳에서 잠을 자면서 밤의 여행자들을 놀라게 하는 귀신의 정체를 밝혀내도록 해라."
"알겠습니다, 추장님. 저는 항상 추장님이 시키는 대로 하겠습니다."
환웅은 고분고분하게 대답했다.
다음날 환웅은 저주받은 귀신이 있는 마을을 향해 출발했다. 그곳에 도착했을 때에는 이미 어둑어둑 땅거미가 지고 있었다. 그는 가장 먼저 만난 사람에게 물었다.
"아저씨, 저주받은 귀신이 사는 집이 어디에 있지요?"
"뭐…… 뭐라고?"
그 사람은 깜짝 놀라 제대로 말을 잇지 못했다.
"저주받은 귀신이 사는 집이 어디에 있냐구요?"

"저기 계곡에 있어. 강을 지나면 바로 보일 거야. 그…… 그런데 왜 그 집을 찾는 거지?"

밤에는 아무도 그 집 근처에는 얼씬도 하지 않는다는 얘기를 못 들었니? 그 집에는 저주받은 귀신이 살고 있어서 그 귀신을 잡으려고 만용(蠻勇)을 부리며 그곳에 갔던 사람들은 모두 죽거나 형체도 없이 사라졌어. 그러니 오늘밤에는 우리집에서 자도록 하고, 내일 날이 밝으면 그 집에 가도록 하렴."

그 사람은 환웅을 설득시키려고 애를 썼다.

"저는 저주받은 귀신과 맞서 싸울 겁니다."

그리고는 굵고 긴 지팡이로 바닥을 내리쳤다. 그것은 말이 지팡이였지 사실은 두 기둥을 가로지르는 대들보 같았다.

"………"

그 사람은 환웅이 미쳤거나 아니면 자기 말을 심각하게 받아들이지 않는다고 생각하면서 서둘러 가던 길을 갔다.

환웅은 발길을 재촉하여 마지막 남은 햇빛의 도움으로 강을 건넜다. 그리고 버려진 집을 찾은 후 그 안으로 들어가서 복도에 놓여 있던 의자에 앉았다. 음산하고 조용한 분위기가 마음에 든 그는 구운 옥수수와 육포를 씹으며 주위를 둘러보았다. 그리고 판초를 펼치고 그 위에 앉아 별을 바라보면서 귀신이 나타나기를 기다렸다. 그때 갑자기 '쿵!' 소리를 내며 사람의 팔이 그의 무릎 위로 떨어졌다. 그는 그 팔을 집어던졌다. 그러자 다시 '쿵!' 하면서 다른 한쪽 팔이 바닥으로 떨어졌다. 그는 발로 차버렸다. 곧이어 '쿵! 쿵!' 하며 두 다리가 떨어졌다. 그는 다시 발로 두 다리를 멀리 차버렸다. '쿵!' 이번에는 가슴과 허리의 네모난 덩어리가 떨어졌지만, 역시 환웅의 발길에 차이고 말았다. 마지막으로 머리가 떨어졌다. 환웅은 그 머리마저 정확한 발길질로 멀리 날려버렸다.

"여기는 빗물이 떨어지는 게 아니라 더러운 물건들만 떨어지는군."

그는 허공에 대고 말했다.

그러자 여기저기 흩어져 있던 몸통과 머리와 사지들이 한데 모이더니, 이내 회색 망토를 두른 사람의 모습으로 변했다. 그리고는 펄쩍펄쩍 뛰면서 소리를 질러댔다. 환웅은 손에 지팡이를 들고 한 발짝도 움직이지 않은 채, 싸울 준비를 갖추었다.

그는 엄청난 힘과 날렵함을 이용해 몇 시간 동안 지팡이를 휘두르며 귀신과의 거리를 유지했다. 그리고 귀신이 펄쩍펄쩍 뛰며 소리치는 것을 멈추자, 그의 숱 많은 긴 머리를 꼭 붙잡아서, 바닥에 패대기를 쳤다.

두 사람이 모두 피로에 지쳐 있을 때 새들이 새벽을 알렸다. 하지만 날이 밝아온다는 것은 환웅에게 유리한 상황이 된다는 것을 의미했다. 귀신은 저항을 멈추었다. 그러자 전혀 무게가 느껴지지 않았다. 귀신은 무릎을 꿇고 흰빛을 내면서 사람 같은 울음을 터뜨리며 애원했다.

"용감한 환웅이여, 당신이 이겼소. 고맙소. 내가 가진 모든 것은 이제 당신 것이오. 이 집과 땅과 저 구석에 숨겨진 보석 모두 이제는 당신 것이오. 나의 모든 것을 당신처럼 훌륭한 사람의 손에 넘겨주었으니, 이만 나는 이곳을 떠나겠소."

"더 이상 이곳에 나타나 사람들을 괴롭히지 않겠느냐?"

"이제 그런 일은 없을 것이오. 고마아압소오……"

꺼져가는 귀신의 목소리가 길게 늘어졌다. 그러자 갑자기 얼음장처럼 차가운 바람이 그의 앞을 스쳐지나갔다. 환웅은 자신이 휜 지팡이에 붙어 있는 긴 머리카락만을 잡고 있었음을 알았다. 그 머리카락은 바람이 분 방향으로 나풀거리고 있었다. 산꼭대기로 햇빛이 모습을 보이자 새들이 지저귀며 노래하기 시작했다. 귀신과의 싸움은 끝났고, 환웅은 자신의 승리를 보여줄 두 개의 증거를 갖고 있었다. 그것은 다름아닌 수의와 한줌의 머리카락이었다.

일찍 일어난 마을 사람들은 환웅의 모습이 보이자, 눈을 비비며 꿈인지 생시인지 확인하려 들었다. 아무도 그 집에서 살아나온 사람이 없었기 때문이었다.

"이제는 마음놓고 저 계곡으로 다닐 수 있습니다. 귀신은 저에게 모든 것을 주었습니다. 여기 그의 수의와 머리카락이 있습니다."

환웅은 의심하는 사람들을 위해 그것들을 꺼내 보여주었다.

"그래, 이게 바로 그가 입었던 수의였어. 그리고 이 머리카락도……"

사람들은 기뻐 어쩔 줄 몰라 하면서 이렇게 말했다.

"이봐요, 청년. 우리 마을로 와서 살도록 해요. 그가 지녔던 가축과 땅을 보면 당신도 마음을 정할 수 있을 것이오. 땅에는 이미 잡초가 무성하고, 가축들은 야생 동물처럼 되었지만……"

"고맙습니다. 가족과 함께 다시 오겠습니다. 하지만 지금은 먼저 우리 마을로 가서 이 소식을 알려야 합니다."

"이 구운 옥수수를 가져가세요." 한 여자가 옥수수를 주었다.

그러자 다른 이웃집 여인도 거들었다. "이 육포도 가져가세요."

또 다른 여인은 "삶은 옥수수인데 가다가 시장하면 드세요"라고 말하면서 옥수수를 건네주었다. 마을 사람들은 저마다 저주받은 귀신의 공포에서 해방시켜준 그에게 감사의 표시를 하였다.

환웅이 늠름한 표정으로 돌아오자, 추장은 다시 한번 놀랐다.

'환웅을 이길 자는 아무도 없는 것일까? 이제는 많은 땅과 가축도 갖고 있으니……'

마을 사람들은 입이 마르도록 환웅의 용맹스러움을 칭찬했다. 그리고 자신의 딸을 환웅과 결혼시키려고 마음먹었다. 그러나 추장은 또 다른 계획을 세우고 있었다.

어느 마을의 버려진 광산 속에 무서운 수파이가 살고 있었다. 그는 지나가는 사람들을 붙잡아다가 노예로 삼았다. 따라서 마을 사람들은 여러 명이 무리를 이루고도 감히 그곳을 지날 생각을 하지 못했다.

"환웅아!"

어느 날 아침 추장이 환웅을 불렀다.

"예, 말씀하십시오."

"내일 버려진 광산으로 가서 누가 사람들을 괴롭히는지 알아오너라. 하지만 그 사람과 싸워 이긴 후에야만 돌아와야 하느니라. 알았느냐?"

"예, 추장님. 광산에 살면서 사람들을 못살게 구는 그놈과 싸워 이긴 후에 돌아오겠습니다."

"그럼 오늘은 편히 쉬거라. 아마 이번 여행은 오래 걸릴지도 모르니까 말이다."

"알겠습니다, 추장님."

환웅은 추장 집에서 나와 악어새와 약속한 대로 꽃씨를 뿌리기 위해 근처 산으로 올라갔다. 그때 악어새 한 마리가 날아왔다.

"환웅! 환웅!"

악어새의 다정한 목소리가 들려왔다.

"악어새니?"

"예, 저예요. 너무 걱정 마세요. 지금 추장이 나이 많은 '아마우타'(현자)와 말하는 것을 들었어요."

"뭐라고 말하든? 혹시 나에 관해 이야기했니?"

"그래요. 당신이 내일 떠날 여행에 관해 말했어요. 그런데 버려진 광산에 사는 사람은 인간이 아니라 수파이래요."

"나도 그럴 줄 알았어. 그래서 걱정하고 있었던 거야. 용기와 힘만으로는 수파이를 이길 수 없거든."

"나이 많은 현자는 힘센 수파이를 이기려면 세 가지 무기가 있어야 된다고 말했어요. 하나는 '파키와라카'('파키'라는 신비의 힘으로 상징되는 천으로 만든 밧줄)와 방금 달군 쇠로 만든 막대기, 그리고 마른 똥을 많이 준비해야 된대요. 그리고 수파이와 싸울 때는 반드시 왼손만 사용해야 한다고 말했어요."

"고맙다, 악어새야. 그럼 우선 그 무기들을 찾으러 가야겠구나."

환웅은 고맙다고 말하며 미소를 지었다.

그런데 마침 가까운 밭에서 새들을 쫓던 농부가 파키와라카를 갖고 있었다. 그리고 근처에 대장간이 있었다. 대장장이는 벌겋게 달군 굵고 커다란 쇠뭉치를 때려 쇠막대기를 만들고 있었다. 그때 다시 악어새가 날아와 말했다.

"자, 저것들을 빌려달라고 하든지, 아니면 사도록 하세요. 아무도 당신에게 못 준다거나 팔지 않겠다고 말하지는 않을 거예요. 그리고 마른 똥은 지금 당장 길가로 가면 쉽게 구할 수 있을 거예요."

악어새의 말을 들은 환웅은 농부와 대장장이에게로 갔다. 그들은 환웅의 설명을 듣고 난 후 파키와라카와 굵고 커다란 쇠막대기를 기꺼이 선물로 내주었다. 환웅은 모든 마을 사람들의 존경을 받고 있었고, 또한 모두에게 친절하게 봉사했기 때문에 아무런 문제가 없었던 것이다. 그리고 오후가 되자 편한 마음으로 다시 꽃씨 뿌리는 일을 계속했다.

다음날 아침 아주 이른 시간에 그는 먹을 것을 짊어지고 여행을 떠났다. 물론 악마와 싸우는 데 필요한 모든 것들은 짊어진 배낭 속에 숨겨져 있었다. 그는 사람들에게 버려진 광산이 어디에 있는지 수없이 물어보았다. 사흘째 되는 날, 마침내 버려진 광산에 도착했다. 환웅은 광산 주위에 있는 조그만 평지를 발견하고는 그곳에서 그날 밤을 보내기로 마음먹었다. 그리고는 마른 나뭇가지를 긁어모아 모닥불을 피웠다. 그것은 자기가 그곳에 있다는 사실을 수파이에게 알려주기 위한 것이었다.

하늘에 은하수가 나타나자, 활활 타오르던 모닥불이 꺼질 정도로 바람이 세차게 불어왔다.

환웅은 불이 꺼지지 않도록 커다란 돌멩이를 주워 모닥불 주위에 세워놓았다. 바람이 잠잠해지자 주위는 적막에 휩싸였다. 마치 온 세상이 깊은 허공 속으로 빠져버린 듯했다. 모닥불이 타는 소리도, 그의 숨소리도 전혀 들리지 않았다. 한참 후 짐승들의 울부짖는 소리가 들려왔다. 그는 경계의 빛을 늦추지 않았다. 그리고 잠시 후, 맹수들이 한꺼번에 달려오는 것처럼 땅이 흔들리면서 검은 옷을 입고 수염을 단 하얀 사람이 말을 타고 나타났다.

"누가 감히 허락도 없이 내 땅에 들어왔느냐!"

그 사람은 위협적인 목소리로 말했다.

"난 환웅이오!"

"환웅이 누구냐?"

"곧 알게 될 것이오, 수파이 양반."

자신의 정체가 드러나자 화가 치민 수파이는 날개 달린 퓨마로 변해 환웅을 향해 달려들었다. 환웅은 재빨리 미리 준비해놓은 파키 밧줄로 그를 내리쳤다. 파키 밧줄에 달려 있던 돌이 이마 한가운데를 때리자, 날개 달린 퓨마는 울부짖으며 그에게서 멀리 나가떨어졌다. 퓨마가 가까이 다가올 때마다 그는 돌이 달린 파키 밧줄을 휘둘렀다.

그렇게 한 시간이 지나자 그제서야 퓨마는 슬금슬금 도망치기 시작했다. 그러나 퓨마가 도망친 길로 커다란 곰이 나타나 재빠른 동작으로 파키 밧줄을 빼앗아 멀리 던져버렸다. 그러자 환웅은 무거운 쇠몽둥이를 꺼내 다시 공격을 시작했다. 왼손으로 몽둥이를 휘두를 때마다, 수파이는 비명을 질러댔다.

그렇게 몇 시간이 지나자 수파이는 도망쳤다. 하지만 그것은 다시 다른 모습으로 변하기 위한 술책이었다. 잠시 후 커다란 박쥐가 모습을 드러냈다. 그 박쥐는 발톱으로 돌과 나무를 가져와 환웅에게 마구 떨어뜨리기 시작했다. 환웅은 모닥불에 마른 똥을 몇 개 던졌다. 그러자 박쥐는 캑캑거리고 재채기를 하면서 먼 곳으로 날아가버렸다. 소나기처럼 떨어지던 돌과 나무로부터 목숨을 구한 환웅은 연기가 날아가는 쪽을 향해 달려갔다. 박쥐는 감히 그곳으로 날아올 용기조차 내지 못하였다.

박쥐가 사라진 후, 마침내 두 개의 커다란 뿔을 달고 코와 입과 눈으로 불길을 내뿜는 하얀 피부의 사람이 나타났다.

'아주 멋있게 차려입었군. 그러나 분명히 저건 부자로 가장한 수파이일 거야.'

환웅은 이렇게 생각했다. 그리고는 재빨리 주머니에 손을 넣어 마른 똥을 꺼내 다시 모닥불에 던졌다.

두 사람은 거리를 재면서 각자의 몽둥이를 휘둘러댔다. 서로 죽이지 않고는 못 배길 정도로 원한에 사무친 사람들 같았다. 마침내 두 사람은 너무 피곤해 팔을 들 기력조차 없었다.

"이 비겁한 놈아! 저 모닥불을 끄도록 해. 저놈의 연기 때문에 숨을 쉴

수가 없잖아!"

화가 난 수파이가 이렇게 소리쳤다.

"당신은 나보다 더 겁쟁이야. 모습을 바꿔가면서 나를 놀라게 해서 기운을 뺀 다음 이기려고 했으니 말이야. 당신은 힘이 센 사람이야. 하지만 난 당신의 약점을 알고 있어. 만일 당신이 원한다면, 무기 없이 싸우도록 하자. 훌륭한 두 전사들처럼 몸과 몸으로 말이야."

"좋아!"

수파이는 이렇게 외치면서 침을 뱉었다. 침은 고약한 냄새를 풍기며 불똥을 튀겼다. 그리고는 몽둥이를 멀리 내던졌다. 환웅도 남아 있던 마른 똥

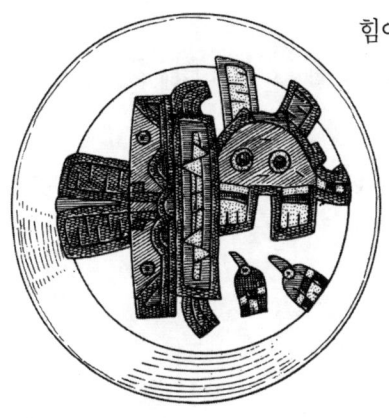

날으는 퓨마의 모습.
이 모습은 후에 나스카 문화에 커다란 영향을 미친다.

을 모닥불에 던졌다.

두 사람은 원을 그리며 움직였다. 수파이는 새벽을 전하는 바람 소리에 급한 나머지 맹수의 울음 소리를 내며 먼저 공격을 시도했다. 환웅은 쇠똥을 굳게 쥔 주먹으로 정확하게 수파이의 머리를 내리쳤다. 수파이는 주먹이 그렇게 강할 줄은 몰랐다는 듯이 비틀거렸다. 환웅은 멈추지 않고 계속 주먹을 날려 그를 거의 실신지경으로 몰아갔다. 그리고는 비틀거리는 틈을 타 머리 위의 뿔을 붙잡았다. 수파이는 우리에 갇힌 맹수처럼 울

부짖었지만 환웅은 뿔을 놓지 않았다. 마침내 환웅은 그의 머리 위로 마른 쇠똥 가루를 내던졌다. 그러자 그는 결국 쓰러지고 말았다. 환웅은 쓰러진 수파이를 끌고 모닥불로 갔다. 모닥불에서 피어오르던 연기를 맡은 수파이는 더욱 힘을 잃었다. 환웅은 그의 수염을 태우고, 그의 뿔을 파키 밧줄로 꽁꽁 묶어버렸다.

그러자 수파이는 네 발로 기기 시작했다. 환웅은 그의 등에 올라탔다.
"날아봐, 수파이!"
환웅은 이렇게 말하며 발로 그의 옆구리를 때렸다.
"우우우우······"
수파이는 화가 나서 씩씩거렸다.
"펄쩍 뛰어 달려봐, 수파이!"
그는 더욱 세게 수파이의 머리를 때렸다.
"우우우······"
분노와 피로에 지친 수파이는 몸을 떨며 입에 거품을 물었다.
다시금 개똥지빠귀가 울면서 날이 밝아온다는 것을 알려주었다. 패배의 쓴맛을 본 수파이는 결국 무릎을 꿇었다.
"환웅, 당신이 이겼소. 그러니 제발 나를 풀어주시오. 그러면 이 광산에서 떠나겠소. 그리고 그 안에 있는 금을 모두 당신에게 주겠소."
환웅은 수파이의 속임수에 빠져서는 안 된다고 생각했다.
"당신이 직접 안으로 들어가서 금을 꺼내 이리로 가져오시오. 그러는 동안 당신의 귀고리 하나는 내가 보관하고 있겠소."

수염이 타버려 비참한 행색이 되어버린 수파이는 여러 번 동굴 안을 왔다갔다하더니 금 다섯 꾸러미를 가져왔다. 환웅이 갖고 있던 수파이의 귀고리는 다름아닌 금빛의 뱀이었는데, 그 뱀은 놀란 표정으로 용감한 환웅을 바라보았다.

"좋아, 이제 됐소. 놀라서 어쩔 줄 모르는 당신의 뱀이 여기에 있소. 이제 이곳을 떠나시오. 그리고 다시는 사람들을 괴롭히지 마시오."

"고맙소, 환웅. 당신은 이 세상에서 가장 용감한 사람이오. 당신에게 약속하건대 다시는 이곳으로 돌아오지 않겠소. 다시 패배하고 싶지는 않으니 말이오."

부지런하기로 유명한 악어새는 웃으면서 승리자와 패배자의 머리 위를 날았다. 이렇게 힘든 전쟁은 막을 내렸다.

마을 사람들은 환웅이 개선 장군처럼 늠름하게 돌아오는 모습을 보자, 모두 고마워하면서 상처를 치료해주고 대신 금자루를 들어주었다. 이 소식은 이내 온 원주민 부락으로 번져나갔다.

수파이를 이긴 환웅은 제일 먼저 부모님께 인사를 올렸다. 그리고는 금자루 하나를 들고 추장을 찾아가, 이제부터는 돌볼 가축과 경작할 땅이 있으니 가족과 함께 살고 싶다고 말했다.

"좋아. 만일 네가 우리 딸과 결혼하고 싶다면, 내 딸 중의 하나를 고르도록 해라. 그러면 너는 우리 가족이 될 것이다."

"고맙습니다, 추장님. 당신이 허락하신다면, 저는 맏딸을 선택하겠습니다. 그녀는 항상 저를 다정하게 대해주었고, 아무도 모르게 육포를 많이 넣어주었거든요."

"그럼 너에게 내 맏딸을 주겠다. 이제 너희 집에서 결혼식을 치르도록 할 테니 준비를 하도록 해라."

그 결혼식은 부락에서 영원히 기억될 만한 것이었다. 꽃이 만발한 환웅의 땅에는 모든 참석자들이 실컷 마시고 배불리 먹을 수 있는 충분한 양의 감자와 옥수수가 자라났기 때문이었다.

**케추아족의 영웅이 된 환웅**

우안카 부족과 다른 인근 부족과의 전투만 없었더라면, 환웅은 조용하고 행복한 삶을 살았을 것이다. 그런데 우안카 부족들이 그들의 땅과 가축을 탐내어 침략하는 일이 벌어졌다. 그러자 마을 사람들은 환웅을 대장으로 임명했다.

환웅은 용감하게 싸우며 저항했다. 그런 모습을 본 모든 마을 사람들은 용기를 내어 전쟁을 치렀다. 전쟁에서 이긴 후 마을 사람들은 이구동성으로 가장 큰 공적을 세운 사람은 환웅이라며 칭찬을 아끼지 않았다. 그러자 환웅은 그 기회를 이용해 보다 큰 군대를 조직하여 대규모의 정복을 감행했다. 그의 힘에 맞설 수 있는 군대는 어디에도 없었다. 환웅과 그의 부대는 태양이 갈증을 해소하기 위해 물 속으로 가라앉는다는 아주 먼 땅에까지도 공포의 대상이 되었다.

# 니나 당나귀

우리가 밤에 안데스 산지를 여행할 때는 항상 휘파람을 불거나 말을 해야 한다. 그래야만 밤에 움직이기 좋아하는 수많은 존재들과 부딪치지 않기 때문이다. 밤에는 우리를 깜짝 놀라게 하는 것들로 가득 차 있다.

케추아어로 '꽘파키야'라고 부르는 보름달이 환하게 뜬 어느 날 밤이었다. 한 노인이 혼자 여행을 하다가 잠시 발길을 멈추어 하늘에 떠 있는 별들을 바라보았다. 가끔씩 동물의 울음 소리만이 한밤의 적막을 깰 뿐이었다.

추운 바람이 얼굴을 스쳐지나갔다. 그는 모자를 고쳐 쓰고, 목에 둘렀던 목도리로 얼굴을 감쌌다. 펄럭이는 그의 판초는 다양한 그림자를 만들었다. 그는 길가에 있는 바위에 기대어 잠시 쉬었다 가야겠다고 마음먹었다.

짧은 휴식이었지만 기운을 차리기에는 충분했다. 그는 다시 길을 가기 위해 몸을 일으켰다. 그런데 갑자기 온몸에 힘이 빠지는 것과 동시에 강하게 불어오던 바람이 멈추었다.

뭔지 모르게 짙은 어둠이 깔린 음산한 밤이었다. 게다가 이상하리만큼 조용한 적막이 밤공기를 휩쓸고 있었다. 그는 돌처럼 굳은 채 길가에 서 있었다. 그리고 신경을 곤두세우면서 놀라지 않도록 애를 썼다.

그때 어떤 그림자가 거친 숨을 내쉬며 달려오더니 히히힝 울어대면서 불을 내뿜었다. 그가 기대고 있던 바위는 그림자의 울음 소리를 되울리며 부르르 떨렸다. 이상하기 그지없는 그림자가 가까이 오자, 그는 이 그림자가 번쩍이는 흑옥(黑玉)처럼 윤기 나는 노새라는 사실을 알 수 있었다. 노새 위에는 검은 망토를 두르고 검은 모자를 쓴 기사가 타고 있었다.

의심할 나위 없이 그 그림자는 '루나 당나귀'(인간 같은 당나귀)라고 불리는 '니나 당나귀'(불을 뿜는 당나귀)였다. 그는 아무 소리도 내지 않으려고 노력했다. 목이 말랐지만 침을 삼키지 않으려 노력했으며 절망에 빠져 고동치기 시작한 맥박 소리가 들리지 않도록 가슴에 손을 올려놓았다.

이렇게 세심한 주의를 기울였지만, 근처에 사람이 있다는 것을 느낀 탓인지, 당나귀는 뒷발을 집고 벌떡 일어서더니 좁은 길에서 빙빙 돌기 시작했다. 마침내 영겁과도 같은 시간이 지나갔다. 당나귀는 길가의 바위와 돌에 마구 불길을 내뿜으며 내달리기 시작했다.

긴장과 두려움에서는 해방된 노인은 더 이상 길을 갈 기운이 없었다.

그래서 그대로 잠시 그곳에서 휴식을 취하기로 했다.

다음날 눈을 뜬 노인의 귀에는 개똥지빠귀의 노랫소리가 들려왔다. 노인은 다시 길을 떠나기로 마음먹었다. 그리고는 전날 밤의 일이 악몽이 아니었는지 의심하면서 당나귀가 있던 곳으로 다가갔다. 그는 당나귀가 마구 뛰어 파헤쳐진 길을 보고 깜짝 놀랐다. 당나귀 발굽의 흔적이 선명하게 새겨져 있었던 것이다.

고향으로 돌아온 노인은 마을 사람들에게 자기가 겪은 일을 이야기했다. 그러자 어떤 사람이 전날 밤에 길 근처의 옥수수 밭에 물을 주고 있었는데, 당나귀가 우는 소리와 우앙키야(발에 방울을 달고 추는 전쟁춤)의 무용수가 달고 있는 방울 소리 같은 것을 들었다고 말했다. 하지만 너무 바빠 더 이상 관심을 기울이지 않았다고 덧붙였다. 또 다른 사람은 작년에 자기도 그 근처의 동굴에서 이와 비슷한 소리를 들었으며, 마구 짖으며 자기 품안으로 달려드는 개들 때문에 잠을 깼었다고 말했다. 이 말을 들은 어떤 노인은 모두 맞는 소리라는 듯이 고개를 끄덕이며, 그럴 때는 신부가 항상 머물던 여인의 집을 찾아가서 도움을 청하는 것이 좋을 것이라고 말했다.

그들이 여인의 집에 도착하자, 여인의 친척이 문을 열어주면서 그 여인이 그날 아침부터 매우 아프다고 말했다. 그러면서 몸살 같은데 고열이 나고 마치 밤새 여행한 사람처럼 엄청난 갈증을 느끼고 있다고 덧붙였다. 두 사람은 서로를 쳐다보고는 곧 그 집을 떠났다. 그러나 노인은 환자를 진료해달라는 부탁을 받고 다시 집 안으로 들어갔다.

노인은 마을 사람들에게 그 부인과 어떤 대화를 나누었는지 한마디도 하지 않았다. 그러나 그때부터 신부가 마을에 도착하면, 그녀는 무슨 핑계를 대서라도 집을 비웠다. 신부는 자기가 올 때마다 여인이 집을 비우는 우연의 이유를 짐작이라도 한다는 듯, 다시는 그곳을 방문하지 않았다. 그리고는 대신 다른 신부를 보냈다.

# 저주받은 영혼을 구하는 법

원주민 부락 지도자인 에울로히오는 기나긴 여행에서 돌아오고 있는 중이었다. 그의 배낭에는 아주 중요한 서류가 들어 있었다. 하지만 이미 날이 어두웠을 뿐만 아니라 피로에 지쳐 있었기 때문에 그는 여행자들의 숙소로 사용되던 하툰마차이(커다란 동굴이란 뜻임: 옮긴이)에서 하룻밤을 보내기로 마음먹었다. 그 동굴은 그곳에 오는 모든 사람을 밤의 위험에서 보호해주는 안전한 곳이었다. 구운 옥수수로 배를 채운 다음, 그는 깊은 잠에 빠져들었다. 한참을 잔 후 용변을 보기 위해 잠에서 깨어났을 때에는 이미 별빛이 동굴 위를 환하게 비추고 있었다.

그는 웅크린 채 용변을 보았다. 그때 근처의 옥수수 밭에서 '사르륵, 사르륵' 하는 소리가 들려왔다. 옥수수를 몰래 먹어치우는 흰 당나귀가 내는 소리 같았다.

'빌어먹을 당나귀가 밭으로 들어와 아직 여물지도 않은 옥수수들을 엉망으로 만들고 있군!'

그는 돌을 들어 당나귀에게 던졌다. 그러자 당나귀는 얼른 길가로 뛰어나와 그에게 다가왔다. 그러나 가까이 다가올수록 당나귀는 흰 망토를 두른 사람처럼 보였다. 몇 미터 떨어지지 않은 곳까지 다가오자, 그는 뾰족 모자를 쓴 인간이라는 것을 분명히 알 수 있었다.

에울로히오는 놀란 나머지 도망치려고 했다. 그러나 이내 식은땀이 흘렀고, 머리칼은 쭈뼛쭈뼛 섰으며, 혓바닥은 마비되었고, 입술과 손발은 떨렸으며, 가슴은 빠르게 고동쳤다. 그는 비명을 지를 수도 없었고, 한 발자국도 움직일 수 없었다. 그는 붙박인 듯 서 있었지만, 정신만은 온전했다. 그는 영혼을 만난 것이다.

에울로히오는 달빛과 별빛의 도움으로 영혼이 어떻게 생겼는지를 볼 수 있었다. 영혼은 그림자가 없었으며, 발을 움직이지 않고도 앞으로 나아갈 수 있었고, 희미한 푸른 빛을 띠었으며, 수의를 입고 장례식을 치르는 사람들처럼 삼각형 모양의 모자를 쓰고 있었다. 바로 그 순간 다른 계곡에서 개들이 신음하듯이 짖는 소리가 들렸다. 그는 사람들이 "아야카 아야플란미(영혼은 빛을 보내 사람이나 동물을 죽일 수도 있어)"라고 외치는 소리를 들었다. 그는 조상들과 산의 정령들과 모든 성인들의 이름을 되뇌며 도움을 요청했다. 영겁과도 같았던 순간이 지나자 코맹맹이 소리가 들려왔다. 그것은 바로 죽은 자들의 목소리였다.

"에울로히오 로메로, 당신이 보고 듣는 것에 너무 놀라지 마시오. 나는 저주받은 불행한 영혼이오. 전생에 저지른 나쁜 짓 때문에 벌을 받고 있는 것이오."

이런 겸손한 소리를 듣자 그는 자기가 어떻게 해야 하고 무슨 말을 해야 할지 알 수가 없었다. 그러나 마음을 가라앉히면서, 만일 영혼이 공격을 해오면 방금 전에 싸놓은 똥을 집어던지겠다는 각오를 다졌다. 그때 다시 애원하는 소리가 들려왔다.

"저 몽둥이로 나를 때려주시오."

그는 너무 놀라 잘못 들은 것이 아닌가 하고 자신의 귀를 의심했다.

"그래요. 나는 내 손으로 직접 마을 사람들을 때렸으며, 다른 사람을 시켜 때리기도 했소. 내가 그들을 때린 것처럼 나를 때려주시오. 그렇게 하지 않으면 당신은 죽을 것이오. 그리고 나처럼 저주받은 영혼이 될 것이오."

그는 재빨리 울타리로 다가가 나무 하나를 뽑았다. 그리고 영혼이 마을 사람들을 마구 다루었던 것을 기억하며 그의 부탁대로 무자비하게 내려치기 시작했다. 영혼은 매를 맞으면서 자기의 죄를 고백했다.

"나는 바두의 유일한 재산인 소를 훔쳤소. 나는 농민 반란을 사주한다는 이유로 익쉬르의 뒤통수를 때려 죽였소."

"뭐라고요? 익쉬르는 발을 잘못 디뎌 굴러떨어져 죽은 게 아니란 말입니까?"

"그렇소. 주인이 나에게 그를 죽이라고 지시했소. 나는 칼리스토, 이쉬티, 쉬바, 카타쉬쿠의 아내를 범했고…… 나는 미쉬 안드레스를 독살했소. 그가 훔친 소를 팔아서 원주민의 권리를 요구하는 소송을 제기했기 때문이었소."

"뭐라고요? 그럼 당신이……"

그는 말을 맺을 수가 없었다. 매맞던 영혼이 커다란 신음 소리를 냈기 때문이었다.

"그래요. 나는 바로 당신이 생각하는 사람이오. 그러니 더 세게 때려주시오. 나는 여러분들을 배신했소. 나는 라호와(경찰의 끄나풀)였소. 그래서 그들에게 비밀을 털어놓았던 것이오. 나 때문에 당신이 체포되었고, 경찰들에게 호되게 혼난 것이오. 미안하오, 정말 미안하오."

에울로히오는 이제 자기가 누구에게 몽둥이질을 하고 있는지 알 수 있었다. 그러나 너무 오랜 시간 몽둥이를 휘둘렀기 때문에 힘이 빠져버리고 말았다. 하지만 영혼은 끊임없이 자기의 잘못을 낱낱이 털어놓았다. 온몸에 땀이 흐르고 기운이 빠져, 더 이상 힘껏 때릴 수가 없었다. 바로 그때 눈물로 범벅이 된 채 숨이 넘어갈 듯한 비명 소리가 흘러나왔다. 비명은 너무나 구슬펐다.

"이울류, 마침내 당신이 나를 구제해주었소. 고맙소. 이제 십장 사르미엔토는 모든 죄를 씻었소. 그러니 마을 사람들에게 나를 용서해달라고 전해주시오. 이제는 내가 당신을 도울 차례가 됐소. 배낭을 메고 내 앞에 서서 걷도록 하시오. 뒤를 돌아보지 말고 될 수 있는 한 빨리 다리를 건너시오. 그곳에는 주인의 지시를 받은 하수인들이 당신 배낭 속에 들어 있는 서류를 빼앗으려고 기다리고 있소. 다시 한번 말하는데, 절대로 뒤를 돌아보지 마시오. 만일 내 말을 안 들으면, 당신은 목숨을 잃게 될 것이오. 자, 그럼 갑시다."

에울로히오는 이제껏 이토록 쉬지도 않고 빨리 걸어본 적이 없었다. 부드럽게 불어오는 산들바람이 그의 뒤를 밀어주며 걸음을 재촉하였다. 그는 다리에 도착했다. 겁이 났지만, 뒤를 돌아보지 않고 재빨리 다리를 건넜다. 다리를 건너자마자 '앗' 하는 비명 소리가 들려왔다. 하수인들이 물살에 휘말려 빠져죽은 것이었다.

그는 이제 위험에서 벗어난 것이다. 그때 새벽을 알리는 닭소리가 들렸다. 바로 그 순간 뒤에서 영혼의 말소리가 들렸다.

"내 영혼을 구제해주고, 우리 부락을 위해 일할 수 있는 기회를 주어 정말 고맙소. 부락의 행복을 위해 부단히 싸워주기 바라오. 하느님은 우리가 노예가 되길 원치 않소. 그럼 잘 있으시오."

"잘 가시오."

인사가 끝나자 에울로히오는 자기 몸이 갑자기 무거워져옴을 느꼈다. 그리고 온몸이 부들부들 떨렸다. 마치 기나긴 악몽에서 깨어난 듯한 기분이었다. 그때서야 그는 키타락사의 땅냄새를 맡을 수 있었다.

그는 감격에 젖어 집에 도착했다. 그리고 자기 가족과 그를 보러 달려온 마을 사람들에게 자기가 겪은 일을 이야기했다. 이렇게 사람들은 밀고를 일삼던 십장의 영혼이 단지 몽둥이를 맞음으로써 구제되었다는 사실을 알게 되었다.

# 케추아 여자들이 혼기를 지키는 이유

아름답다고 자만하거나 교만해서는 안 된다는 것은 만고불변의 진리이다.

옛날에 아주 아름다운 여자가 살고 있었다. 마을에서 가장 부유한 집안의 딸인 그녀는 처녀 시절 때부터 많은 마을 청년들의 마음을 사로잡았고, 많은 청혼을 받았다. 하지만 재산이 많지 않다거나, 혹은 외모가 마음에 들지 않는다는 이유로 청혼을 거절했다.

그런데 어느 날 집으로 돌아오는 도중에 그녀는 길모퉁이에서 아주 부자처럼 차려입은 사람과 마주치게 되었다. 그는 그녀를 뚫어지게 바라보았고, 그녀는 그의 시선과 외모에 매료되었다. 그녀는 이 남자가 아주 부유한 이방인일 것이라고 생각했다. 그는 안장과 재갈에도 금붙이를 달고 있었다. 그 남자는 하룻밤 묵을 만한 곳이 어디 없겠느냐고 물었고, 그녀는 즐거운 마음으로 자기 집이 어떻겠느냐고 제안했다.

첫눈에 사랑에 빠진 그녀는 부모님들에게 드디어 그토록 꿈꾸고 기다려왔던 이상적인 남자를 발견했다고 알렸다. 그리고 그 남자와 결혼을 하고 싶다고 덧붙였다. 자기 딸이 얼마나 까다롭게 신랑감을 골랐는지 익히 알고 있던 그녀의 부모들은 머뭇거릴 필요도 없이 결혼을 승낙했다. 사실 그녀는 너무 고르다가 이미 혼기가 지나 있었던 것이다.

근사하게 생긴 청년은 다음날 많은 노새를 데려와서 신부를 자기 마을로 데려가겠다고 약속했다. 그런데 그날 밤 처녀가 살던 집 마당에 영양실조에 걸려 비쩍 마르고 몸에 온통 부스럼이 난 더러운 백마 한 마리가 나타났다. 이 볼품없는 말을 가장 먼저 본 사람은 결혼이라는 꿈에 부풀어 평소보다 일찍 일어난 신부였다. 그녀는 더러운 말을 보자 멋쟁이 신랑이 돌아오기 전에 마당에서 내쫓으려고 성난 듯이 막대기를 휘둘렀다. 그러자 잠자코 있던 말이 말을 잇기 시작했다.

"나를 때리지 마세요. 나는 선량한 말입니다. 나는 당신을 수파이(악마)의 손에서 구하려고 온 것입니다. 악마는 인간의 모습으로 위장하고 당신을 유혹하여 죽이려고 하고 있습니다."

소스라치게 놀란 신부는 정말로 자기가 수파이를 사랑하고 있는지도 모른다고 생각하면서, 도대체 수파이가 자기를 유혹한 이유가 무엇이냐고 물었다.

"그건 당신이 자만과 허영이라는 덫에 빠졌기 때문입니다."

"뭐라고요?……"

그녀는 너무 놀란 나머지 말을 이을 수가 없었다.

"당신은 정직하고 성실하며 부지런히 일하는 수많은 청년들을 우습게 여겼습니다. 당신은 단지 돈과 외모만을 중시했을 뿐, 평범한 옷 속에 숨겨진 진실한 사랑에는 관심이 없었습니다. 그래서 현명하신 파차카막이 당신을 버리면서, 수많은 재산과 가장 아름다운 외모 뒤에도 악이 숨어 있다는 사실을 가르쳐주려고 했던 것입니다."

"그럼 이제 난 어떻게 해야 하죠? 당신 말을 들을 테니 그 방법을 가르쳐줘요."

그녀의 목소리는 힘을 잃어갔고, 그녀의 몸은 벌벌 떨렸다.

"그래서 당신을 도와주려고 내가 이곳에 온 것입니다. 그가 지옥의 부대를 이끌고 와서 당신에게 자기가 탄 말처럼 가장 멋진 말을 타라고 권할 겁니다. 하지만 그 말을 타서는 안 됩니다. 그리고 '나는 내 말이 아무리 형편없더라도, 내 말을 타고 갈 거예요'라고 단호하게 대답하세요. 또한 실과 빗과 화장품 병을 여행 배낭 안에 넣어두세요. 내가 던지라고 지시하면, 왼손으로 그것들을 차례로 던지세요. 당신 애인이 나를 때리더라도 걱정하지 마세요. 고통을 참는 것은 내 임무 중의 하나이니까요. 또한 그가 소리지르며 욕을 하더라도, 당신은 한마디도 하지 마세요."

말은 여기에서 말을 멈추었다. 그리고 새벽녘의 신선한 풀을 뜯어먹었다.

너무나 놀란 여자는 한마디도 할 수 없었다. 하지만 자기의 잘못을 깨닫고 파차마마(어머니 대지)와 전지전능하신 파차카막에게 용서를 빌었다. 그녀는 두려움에 떨며 만반의 준비를 하기 시작했다. 그렇게 그녀는 자기의 애인이 도착하기를 기다렸다. 그때 갑자기 땅이 흔들리더니 멀리서 희뿌연 먼지가 일었다. 말을 탄 수파이가 수많은 노새를 데려오고 있었던 것이다.

　수파이가 도착했을 때, 비쩍 마른 말에는 이미 안장이 올려져 있었다. 수파이는 경멸스런 눈초리로 그 말을 바라보더니, 신부에게 자기가 데려온 말이나 노새를 타라고 권했다. 그러나 신부는 점잖게 거절했다. 노새들은 무언가 이상한 것을 예감이나 한 듯이 마구 울부짖었다. 신부의 부모는 눈물을 흘렸다. 그것은 애지중지 기른 외동딸과의 작별을 서글퍼하는 눈물이자, 부잣집 청년과 결혼한다는 기쁨의 눈물이었다.

　신부와 수파이는 먼지가 이는 메마른 평원의 길로 여러 시간을 걸어갔다. 수파이는 제대로 걷지도 못하고 야윌 대로 야윈 말에게 욕을 퍼붓고 발길질을 했으며 채찍으로 마구 때렸다. 그리고 신부가 굶주려 비쩍 마른 말에서 내리지 않자 화를 내기도 했다. 여행은 생각보다 오래 걸렸다. 그러자 신랑은 신부가 탄 말을 맨 앞으로 가게 하는 게 좋겠다고 생각했다. 뒤에서 성화를 부리며 독촉하면 빨리 갈 것이라고 생각했던 것이다. 신부가 탄 말이 맨 앞으로 나오는 순간, 말이 신부에게 말했다.

　"지금 실을 던지세요."

　실이 바닥으로 떨어지자, 덩굴나무가 나타나면서 헉헉거리고 달리던 노새들의 길을 가로막았다. 비쩍 마른 말은 노새들과 거리를 넓힐 수 있었다. 그러나 덩굴나무 지역을 지나자, 노새들은 신부가 탄 말을 바짝 쫓아왔다.

"이제 빗을 던지세요."

빗이 바닥으로 떨어지자, 사방에 가시나무가 나타났다. 노새들은 가시에 찔려 제대로 걸을 수가 없었다. 그러나 가시나무 지역을 벗어나자, 노새들은 더욱 바짝 쫓아왔다.

"이제 화장품 병을 던져요."

말은 세번째 지시를 내렸다.

화장품 병이 바닥에 떨어지자, 희뿌연 연기가 솟아올랐다. 노새들은 연기 냄새를 맡더니 재채기를 하며 제대로 숨을 쉬지 못했다. 그러나 연기가 피어오르던 지역을 벗어나자, 다시 손쉽게 그들을 따라잡았다. 이제 노새들은 신부가 탄 말을 에워싸고 있었다.

그때 어떤 노새가 말했다.

"이 말은 정말 이상해."

그러자 분노를 참지 못해 씩씩거리던 신랑이 대답했다.

"그래. 이놈은 다른 길로 도망치려고 했어."

이 말을 들은 비쩍 마른 말은 이렇게 제안했다.

"좋아요. 여러분들이 그렇게 생각한다면, 내가 맨 뒤에서 가지요."

그러자 신랑이 다시 말했다.

"그래 그게 좋을 듯싶군. 다시 한 번만 더 도망치려고 하면, 넌 죽고 말 거야. 알았지?"

"알겠습니다, 주인님."

비쩍 마른 말은 겸손하게 대답했다.

노새들은 전속력으로 달리기 시작했고, 비쩍 마른 말도 그들을 쫓아갔다. 그런데 거대한 산 아래에 도착한 노새들이 한 마리씩 사라지기 시작했다. 그곳은 바로 수파이가 사는 마을의 입구였던 것이다. 말은 바로 그 문 앞에서 발을 멈추었다.

"이 안을 바라보세요. 이곳이 바로 당신을 데려오려고 했던 곳입니다."

신부는 굶주리고 부스럼이 가득한 수천 명의 노예들을 보았다. 그들의 눈과 얼굴에는 절망과 고통의 표정이 역력했다.

"여기로 들어가지 말아요. 제발 부탁이에요."

신부가 말에게 애원했다.

"그럼 이제 눈을 꼭 감으세요. 그리고 뒤를 돌아보지 말고, 아무 말도 해서는 안 돼요. 우리는 저 산꼭대기로 갈 겁니다."

신부가 탄 말은 나는 듯이 빠르게 달렸다. 깜짝 놀란 수파이는 큰 소리로 그녀를 부르며 뒤쫓아왔다. 그러나 비쩍 마른 말은 한시도 쉬지 않고 앞만 보고 달렸다. 화가 치민 수파이는 신부에게 만일 멈추지 않으면 그녀의 부모들을 죽이거나 사로잡아서 인질로 삼겠다고 위협했다. 그러자 비쩍 마른 말은 더욱더 속력을 내면서 한겨울의 눈보다도 더 하얀 백마로 변했다. 수파이는 분노와 절망에 젖어 어쩔 줄 몰라하면서 노새들에게 빨리 달려서 신부가 탄 말을 멈추게 하라고 명령했다.

그러나 노새들은 이미 피로에 지쳐 있었다. 탈진한 그들은 입에 거품을 물며 고꾸라졌고, 온 산비탈에 역겨운 냄새를 풍기며 죽어갔다. 이 모습을 본 수파이는 더욱 분노가 치밀어, 죽은 노새들처럼 윤기 흐르던 검은 말의 고삐를 더욱 강하게 잡아당겼다. 그러나 이 말도 거친 비탈길을 견디지 못해 고꾸라지며 숨을 거두었다. 신부가 탄 백마는 이미 산 정상 가까이 도착하고 있었다. 그 말은 마치 날개를 단 것 같았다. 수파이는 남은 힘을 다해 백마를 뒤쫓아갔다. 그러나 백마의 꼬리를 잡으려는 순간, 그도 역시 입에 거품을 물며 넘어지고 말았다. 바로 그 순간 백마는 산신령을 모시는 사당이 있던 산꼭대기로 마지막 도약을 하였다.

산꼭대기는 갑자기 하얀 구름으로 뒤덮였고, 아버지 태양(타이타인티)은 일곱 빛깔의 목걸이를 목에 걸고 있었다. 그러나 이런 멋진 현상은 얼마 지속되지 않았다. 이내 회오리바람이 불어와 하얀 구름을 하늘로 데려갔기 때문이었다. 사당에는 말의 흔적도 없었고 신부의 모습도 보이지 않았다. 단지 와칸쿠꽃과 칸투꽃만이 피어 있을 뿐이었다. 말과 처녀는 하얀 구름을 타고 하늘로 올라갔다. 맞은편 산봉우리에서는 모든 새들이 지켜보는 가운데 악어새가 매와 싸워 이기는 놀라운 장면이 벌어지고 있었다.

하늘에 도착한 처녀는 살며시 눈을 뜨고 우주의 창조주 파차카막의 얼굴을 바라보았다. 그녀는 잘못을 뉘우치며 자신의 죄값을 치르기 위해서라면 어떤 벌도 달게 받겠다고 말했다. 자비로운 파차카막은 처녀를 눈처럼 흰 긴 수염을 기른 노인과 결혼시켰다. 그러자 그녀는 엄하디엄한 파차카막이 내린 은총에 감격하여 기쁨의 눈물을 흘렸고, 그 눈물은 비가 되어 어머니 대지(파차마마) 위에 떨어졌다.

이런 이유로 케추아 여자들은 혼기가 지나기 전에 인생의 반려자를 찾아야만 한다. 그렇지 않으면 수파이의 유혹에 빠지기 때문이다.

# 호수에 비친 케추아인의 모습

우츠쿠루미에서 하룻밤을 머무른 후, 할아버지와 나는 산비탈을 올라 킬카이루미(글씨가 쓰인 돌)의 고원에 이르렀다. 킬카이루미는 기하학적 글씨가 새겨진 평평한 돌인데, 이 글씨들은 천문대의 기록일 것이라고 추측된다. 우리는 이 돌을 유심히 살펴보면서 많은 대화를 나누었다.

점심 무렵 우리는 미유스 위에 도착했다. 그곳은 높이 5미터에 길이는 15미터 가량 되는 반죽 상자 모양으로 정교하게 세공된 바위 근처에 있었다. 우리는 도시락을 먹으며, 고산 지대에 사는 잿빛의 새들이 샘물에 어떻게 목욕을 하는지를 지켜보았다.

"할아버지, 누가 이곳에 구멍을 파서 샘을 만들었지요?"

나는 궁금하면 참지 못하고 질문하는 습성을 버리지 못하고 있었다. 할아버지와 우리 부모님들은 꼬치꼬치 물어보는 나를 참고 견디는 데 익숙해져 있었다. 그들은 이미 내가 적절한 질문이나 심지어는 전혀 관련 없는 질문으로 피곤하게 만든다는 사실을 알고 있었던 것이다.

"킬카이루미에 글씨를 쓴 사람들과 우츠쿠루미와 우츠쿠카카(구멍난 산)에 계단식 밭을 만든 사람들이었어. 그리고 코차루리(늪이 있는 계곡)에 문을 단 사람들이기도 하지. 또한 야이누의 입구를 열고 닫은 사람들이야. 그들은 이곳의 동물들이 안전하게 물을 마시고, 늪에 빠져 목숨을 잃거나 가파른 계곡으로 굴러떨어져 죽지 않도록 샘을 만든 거야. 그들은 바로 투르마냐이와 일랴파라는 형제들이었지. 두 사람은 사랑하던 사슴들이 목이 말라 야나마유의 가파른 계곡으로 내려가다가 굴러떨어져 죽는 것을 보자, 검은 바위를 다듬기로 결심했어. 그 바위는 바로 콥추 산 아래로 흐르는 수많은 수맥이 한데 합쳐지는 곳이었지. 그들은 두 달을 열심히 일한 끝에 이 샘을 완성할 수 있었어. 그리고 이 고산 지대에 사는 동물들이 마음놓고 물을 마실 수 있도록 그곳을 떠나 마르카마르카로 향했지. 그리고 그곳 산비탈에 여러 층으로 된 집들을 지었어. 이 샘은 리르푸쿠차(거울의 샘)라고 불리지. 하지만 이 샘의 역사를 모르던 사람들은 반죽 상자와 비교를 하면서 '코차의 반죽 상자'라고 이름붙였던 거야. 너도 알겠지만 빵과 반죽 상자는 스페인 사람들이 전해준 최근의 유산이야."

우리는 샘으로 향하는 비탈길로 내려갔다. 샘물은 잔잔했다. 우리는 거의 해발 5,000미터 위에 있었다. 나는 하늘과 산이 한데 어우러진 아름다운 수채화를 보는 듯했다.

"요즘 들어 너는 도시에서 배우는 공부에 관해 말했지. 네가 무슨 공부를 하는지 많이 말해주었지만, 나는 그것이 어떤 것이었는지 제대로 기억이 나질 않아. 하지만 궁금한 점이 있으면 질문하던 평소의 네 습관을 잃어버리지 않은 것은 다행이라고 생각해. 우리 케추아 사람들에게 가장 중요한 것은 많은 지식을 갖는 것이 아니라, 많은 지혜를 갖는 거야. 이 말을 잘 기억하도록 해. 아무도 너에게 현자가 되는 법을 가르쳐주지도 않고 가르쳐줄 수도 없어. 지혜란 반성의 노력과 농부의 인내로 얻어지는 것이야. 그러니까 흙을 갈고 씨앗을 부리며 싹을 보살피고 난 후 수확을 기다리는 노력이 필요한 것이지. 하지만 형편없는 농부들은 제대로 흙을 일구지도 않고 씨를 뿌리거나, 좋은 땅에 씨앗을 뿌리지만 제대로 보살피지 않고서 제대로 곡식이 여물기도 전에 거두어들이려고 하지. 지금 너는 모든 부류의 사람들과 섞여 살지만, 이제 네가 누구의 자손인지 알아야 할 때가 되었어. 자, 이리로 다가와 물 안을 들여다보아라."

나는 할아버지의 말대로 거울처럼 맑은 샘으로 다가가 그 안을 들여다보았다. 그곳에는 나 자신을 바라보고 있는 내 모습이 보였다. 나는 머리칼 하나도 물에 젖지 않은 채, 물 안에 있었다.

"할아버지! 하늘과 구름에 뒤덮인 제 모습이 보여요. 제가 물 안에 있어요."

"그래, 그게 바로 네 모습이다. 네가 여기에서 아무리 멀리 떨어져 있더라도, 네가 누군지 절대로 잊지 말아라.

자 이제 계속해서 산길을 올라가도록 하자. 날씨가 좋지 않으니 서두르는 것이 좋을 듯싶구나. 아마 악사이코차(성질 나쁜 호수)가 옷을 바꿔 입으려고 우리를 기다리고 있을 거야. 이 샘은 변덕스럽고 요염한 숙녀인데, 시간과 날과 달이 바뀔 때마다 옷을 갈아입는단다. 비록 많은 사람들이 그녀의 변화에 놀라지만, 나는 기쁜 마음으로 그녀를 바라보지. 그러면 대담하게 쳐다보는 나의 모습에 얼굴이 빨개진 악사이코차는 수줍은 모습으로 호숫물을 내게 끼얹는단다. 그러면 나는 그녀가 마음 편히 있도록 놔두고 그곳을 떠나지. 이제 한 시간만 가면 그곳에 도착한단다. 그러면 내 말이 맞는지 확인해볼 수 있을 거야."

# 제4부
## 우리가 모르는 세상의 이야기

# 파차마마의 또 다른 후손들

아주 먼 옛날 파차마마(어머니 대지)는 갑작스런 열병을 앓아 경련을 일으켰다. 이것은 하늘에 두 개의 태양이 떠오르며 생긴 일이었다. 여기에 관해서는 여러 자료가 있지만 이것을 제대로 정리하기란 쉽지 않다. 너무 옛날에 일어난 일이라 당시에 무슨 일이 일어났는지 정확히 말할 수 있는 사람이 아무도 없기 때문이다. 그래서 나는 아버지나 할아버지에게 들은 것을 바탕으로 이 이야기를 엮어나가려고 한다.

이 열병은 매우 보기 드문 것이었다. 열병에 걸린 파차마마는 몸을 떨면서 헛소리를 하였다. 그녀의 살갗은 너울거리는 파도 같았다. 확실하게 제자리에 붙어 있는 것은 아무것도 없었다. 한창 끓고 있는 가마솥에 담긴 진한 감자죽처럼 살갗 전체에서 뜨거운 수증기가 뿜어져나왔다. 비단처럼 부드러운 그녀의 솜털은 언제 있었냐는 듯이 사라졌고, 그녀의 몸은 벌거벗은 채 뜨겁게 끓어올랐다. 너무 오랜 시간 동안 이런 상태가 계속되었기 때문에, 파차마마는 그렇게 운명할 것처럼 보였다.

그런데 어느 날 그녀를 괴롭히던 고열이 사라졌다. 그러자 들끓던 그녀의 피부도 갑자기 모든 행동을 멈추었다. 높은 파도는 내려가지 못한 채 그대로 있었고, 낮은 파도는 다시 올라오지 못하였다. 이렇게 해서 뾰족하거나 둥근 산꼭대기가 생겨났으며, 깊은 계곡은 머나먼 푸른 하늘을 바라보며 영원히 서 있게 되었다. 또한 내려가거나 올라가던 파도도 그대로 멈추었다. 그래서 고원은 푸른 태양을 자기 치마폭과 무릎에 안게 될 것을 기다리며 계단 모양이 되었다.

마추픽추 인근에 있는 케추아족의 계단식 경작지.

대지를 뒤덮고 있던 수증기는 하늘로 올라가 끝없는 빗방울이 되어 떨어졌다. 이렇게 해서 샘과 호수, 바다와 강이 생겨났다. 파차마마는 이제 마음 편히 휴식을 취할 수 있었다. 하지만 아직도 내부의 열을 간직한 몇몇 산들은 화산이 되어 열을 뿜어내고 있다.

아주 좁은 심심산속의 계곡에는 아파이코와 피니니코를 비롯해 우아라클라이들이 대지에 모습을 드러내기 시작했다. 그들은 세상에 나올 때마다 자기들이 세상을 바꿀 수 있는 인간이 될 수 없다는 사실에 고통스러워했다.

**아파이코**

깊은 미로의 골짜기에서는 아파이코들이 나왔다. 하지만 밝은 태양이나 혹은 다른 것들을 보자 놀란 나머지 아주 기이한 형태의 바위로 변했다. 그래서 우리 모두는 이상한 모양의 언덕이나 바위를 조심해야 한다. 그 안에는 아파이코들이 산 사람들의 영혼을 빼앗으려고 기다릴 수 있기 때문이다. 특히 임산부는 아파이코가 있는 산에는 절대로 가지 말아야 한다. 자칫 잘못하면 아파이코가 아무 힘도 없는 태아의 영혼을 빼앗을 수도 있기 때문이다.

특히 람파이의 자갈밭에는 아파이코들이 많이 살았다. 그런데 보름달이 환하게 뜬 어느 날 밤, 마을 의사인 실리 위사가 한가로이 그곳을 지나가고 있었다. 강가에 이르렀을 무렵, 그는 쪼그리고 앉아 있던 한 아이를 발견했다. 그는 아이가 혼자 앉아 있는 모습을 보자 측은한 마음이 들었다.

그런데 가까이 다가가 아이를 팔로 안으려는 순간, 갑자기 입에 물고 있던 코카 잎이 움직이기 시작했다. 그것은 바로 위험을 알리는 신호였다. 그는 그 순간 아파이코를 떠올리며, 이 아이가 정말로 불행하게 버려진 아이인지, 아니면 이야기로만 들었을 뿐 한 번도 보지 못했던 아파이코인지 궁금했다. 그는 안아달라고 애원하던 아이를 발로 툭툭 찼다. 그러자 아이는 갑자기 박쥐로 변하더니 입을 크게 벌려 날카로운 이빨을 드러냈다. 또한 박쥐의 울음 소리를 듣자 수많은 조그만 아파이코들이 나타나 그를 공격하였다. 마치 길에 깔린 자갈들이 모두 아파이코로 변한 것 같았다. 그는 씹고 있던 코카 잎을 꺼내 던지겠다고 위협했다. 코카의 냄새를 맡은 아파이코들은 그에게서 멀어지기 시작했다. 하지만 큰 원을 그리며 계속해서 그를 포위하였다.

"어머니 코카이시여, 위험을 알려주셔서 감사합니다. 이제 제게 용기를 주시고 침착하게 대처하도록 해주십시오."

그는 왼손에 들고 있던 코카 잎에게 이렇게 말했다. 그것은 다른 세상에 사는 정령들과 싸울 때 가장 좋은 방법이었다. 그는 다시 코카 잎을 입에 물었다. 코카의 잎에서 애정 어린 달콤한 맛이 느껴지면서, 동시에 람파이 산기슭에서 몇몇 사람들이 밭에 거름을 주고 있었다는 사실이 떠올랐다. 그는 아주 세게 휘파람을 불었다. 그러자 그 소리를 들은 양치기 개들이 짖으며 달려왔다. 놀란 아파이코들은 멀리 도망치기 시작했다. 그렇게 점차로 그들은 그의 주위에서 모습을 감추었다. 이런 방법으로 마을 의사인 실리 위사는 아파이코들의 공격에서 목숨을 구할 수 있었다.

사실 아파이코들은 사람을 잡아먹을 수 없다. 그들은 우리와 달리 위장을 지니고 있지 않기 때문이다. 단지 그들은 우리의 목숨을 빼앗아 영혼을 훔쳐갈 뿐이다.

## 피니니코

좁은 계곡에서 인간의 형태를 띤 아주 작은 존재들이 태어났다. 그들이 바로 피니니코이다. 그들은 사람을 공격하지 않는다. 단지 대지로 나와 우리가 숨쉬는 공기를 마시고 싶어할 따름이다. 그들은 다른 동물이나 사람들의 공격을 받을 때에만 방어를 목적으로 싸움을 한다.

어린 목자들은 종종 다정하고 사랑스런 이 작은 난쟁이들과 장난을 친다. 이 난쟁이들은 영원한 젊음을 누리며 지하 세계 속에서 살고 있다. 그들은 독수리 같은 사나운 새들을 조심한다. 왜냐하면 이 새들은 종종 그들을 자기들의 먹이와 혼동하기 때문이다. 그래서 그들은 공격을 받으면 즉시 사용할 수 있도록 새총과 둥근 돌을 항상 지니고 다닌다. 사람들이 전하는 바에 의하면, 그들은 용감하고 날쌔며 맹수처럼 지칠 줄 모른다고 한다. 그래서 퓨마나 길 잃은 콘도르와도 적수가 되지 않는다고 한다. 사실 그들은 해로운 존재들이 아니다. 단지 대지로 나와 우리와 같은 공기를 호흡하고 싶어할 뿐이다. 우리가 주의할 것은 여자들이 혼자 깊은 잠을 자고 있을 때에, 피니니코들은 종종 그 여자들 곁으로 다가와 아주 조그맣지만 근사한 몸매의 자기 아이들을 갖게 한다는 점이다.

### 우아라클라이

앙카쉬 산의 요정 이름은 우아라클라이이다. 이런 이름이 붙여진 것은 그녀가 단지 해가 뜰 무렵에만 나타나기 때문이다. 이 아름다운 요정은 아주 이른 시간에 강물이나 샘물 혹은 호숫가에서 목욕을 한다. 그녀의 눈물은 바로 그녀의 의사를 전달하는 언어와 다름없다. 종종 그녀는 물 속에 있는 집 주위를 돌며 산책한다. 그리고 모르는 사람이 나타나면, 초콜릿 같은 색깔의 똥을 싼 다음 우리의 시야에서 사라진다. 그녀는 구멍이나 길이 없더라도 자연 속으로 들어가 모습을 감추는 재주가 있다. 이런 점에서 그녀는 마치 나타났다가 사라지는 영혼과 같다.

우리는 12월이 되면 새벽마다 만년설로 뒤덮인 아푸라후 계곡 아래로 펼쳐진 카츠카 평원에서 응고된 피 같기도 하고 초콜릿 같기도 한 우아라클라이의 똥을 보곤 했다. 하지만 그 똥은 아무 냄새도 나지 않았다. 그들이 지나간 흔적을 말해주듯 곳곳마다 수북이 쌓여 있을 뿐이었다. 우리가 몰던 가축들은 그것들을 맛있게 먹었다.

크리스마스 아침에 수탉이 울고 나면, 우리는 만년설 아래의 풀밭으로 가축을 몰고 가곤 했다. 우리의 가축들이 방금 싼 우아라클라이의 신선한 똥을 먹게 하고 싶었던 것이다. 키타락사의 모든 길에는 동물들이 합창하듯이 '냐아바아'라고 우는 소리가 울려퍼졌다. 또한 도발적인 휘파람 소리와 외침 소리가 들리기도 했다. 그런 소리가 나면 으레 마을 청년과 처녀들은 서로를 알아보고 함께 바닥에 뒹굴기도 했으며, 얼굴에 서로 더덕 더덕 칠해주기도 하고, 밀가루를 던지기도 했다.

우아라클라이가 크리스마스를 기다려 자기들의 축복받은 똥을 그토록 많은 장소에 놓아두었던 것인지, 아니면 동이 트기도 전에 풀밭을 지나던 동물과 사람 소리에 놀라 소화불량을 일으켜 설사를 한 것인지 아는 사람은 아무도 없다. 하지만 분명한 것은 그날이면 항상 카츠카를 비롯한 다른 풀밭에는 많은 똥들이 쌓여 있었다는 것이다.

우리의 가축들은 우아라클라이가 친절하게 쌓아둔 똥을 먹고 통통하게 살이 올랐다. 그래서 감사의 표시로 평평한 돌 위에 구운 옥수수나 우유를 놓아두곤 했다. 우리는 그녀가 다른 세상에서 우리를 지켜보며 즐겁게 미소지을 것임을 확신한다. 그리고 매년 12월 25일이 되면 다시 만날 것을 기다린다는 사실도 믿어 의심치 않는다.

우아라클라이는 아무에게도 해를 끼치지 않는다. 우아라클라이는 사랑스런 자연의 표현이다. 그녀를 보거나 그녀의 목소리를 듣는 것은 행운이지만, 그런 행운을 누리는 사람은 거의 없었다. 우아라클라이는 아무 곳에서나 모습을 드러내지 않는다. 또한 아무 때나 아무에게나 나타나지 않는다. 그녀는 자기가 지닌 순수한 생각에 의해 장소와 시간과 사람을 선택할 줄 안다. 그래서 키타락사의 주민들은 우아라클라이를 두려워하지 않으며, 성호를 긋거나 미사 같은 의식을 통해 그녀들을 쫓아내려고도 하지 않는다. 우아라클라이들은 자신들에게 아무런 해도 끼치지 않는 존재에게는 절대로 화를 내지 않는다.

아파이코와 피니니코와 우아라클라이들은 어떤 이유에서든지 이 세상에 사람으로 태어날 수 없었던 가련한 영혼들이다. 그들은 인간이 될 수 없었기 때문에 고통받는 존재들이다. 그래서 이 세상의 변경이나 이 세상과는 다른 세상에서 살고 있다.

아파이코는 난폭하게 몹쓸 짓을 한다. 그것은 그들의 어머니가 마음대로 그들이 사람으로 태어날 권리를 박탈했기 때문이다. 그래서 그들은 인간을 공격하고 놀라게 하면서 인간의 적이 되었던 것이다.

피니니코와 우아라클라이들은 인간의 삶을 질투하기는 하지만, 그들의 어머니가 의도적으로 그렇게 하지는 않았으며, 그렇게 원하지도 않았다는 사실을 잘 알고 있다. 그래서 자기 어머니들을 불쌍히 여긴다. 또한 가끔씩은 인간의 동정을 받고 싶어서 울기도 한다. 이런 이유로 그들은 사람과 대화를 통해 그들의 뜻을 전달하는 것을 아주 좋아한다. 그리고 그 보답으로 사람들에게 행운을 가져다준다.

# 아이라의 전설

아이라는 우리의 속세와는 전혀 다른 매혹적인 세상에 사는 아름다운 여인이다. 그녀는 깊은 산 속의 폭포에서 매일 목욕을 하며 머리를 치장하고 노래를 부른다. 또한 하늘처럼 깨끗한 마음과 정신을 지닌 사람이 위험에 처하면 항상 도와준다. 그녀가 사람 앞에 모습을 드러낸다는 것은 행운의 징조이다. 물론 불현듯 나타나는 그녀의 모습에 놀라지 않을 순수한 정신을 지녔을 경우에만 그렇다. 그녀와 말을 한다는 것은 '매혹적인 세상' 혹은 매혹의 세상으로 들어갈 수 있다는 것을 의미한다.

할아버지 에울로히오 로메로 이울류는 젊었을 때 차우피 칼키에서 가축들에게 풀을 먹이고 있었다. 그곳은 위에서 샘물이 흘러와 항상 푸른 풀밭을 간직하던 좁고 깊은 계곡이었다. 청년 이울류는 커다란 바위 위에

서서 가축들을 돌보고 있었다. 그런데 그때 날씬하고 아름다운 여인이 바위 근처에 나타났다.

"이울류, 어서 당신 가축을 데리고 이 계곡에서 나가세요."

이 말이 채 끝나기도 전에 그녀는 손수 가축들을 몰기 시작했다. 청년은 도대체 무슨 일이냐고 물을 여유도 없었다. 그래서 그녀가 시키는 대로 했다. 계곡의 풀밭에서 가축들이 모두 나가자, 그녀는 다시 언덕으로 향했다. 아직도 흩어져 있는 동물들이 있었기 때문이다. 그런데 갑자기 동물들이 재앙이 일어날 것을 예감한 듯 마구 울부짖으며 불안해했다. 그때 '쿵' 하는 소리가 나더니 온 땅이 흔들렸다. 언덕들조차 도망치고 계곡들은 신음하는 것 같았다. 산이 무너지면서 일순간에 샘물이 있던 언덕의 나무와 풀을 모두 흙으로 뒤덮었다. 이 지진은 순식간에 일어났지만, 이울류에게는 영겁의 시간보다도 더 길게 느껴졌다. 지진이 가라앉자 이울류는 위험에서 가축을 꺼내주고 자기를 구출해준 아름다운 여자를 찾았다. 하지만 그날도, 그 다음날도 찾지 못했다. 그러자 그의 부모들은 이렇게 말했다

"그 여자는 틀림없이 아이라일 거야. 정직한 사람이 위험에 처하면 항상 나타나서 도와주거든."

이울류가 나이를 먹고 키타락사에서 가장 훌륭한 의사가 되었을 때였다. 그는 몇 주 동안 마을에서 모습을 감추고 산과 들을 마구 헤매곤 했다. 그는 인근 부락이나 멀리 떨어진 부락에서 온 환자들을 치료할 약초

를 구했던 것이다. 그는 환자에게 언제부터 아팠냐느니, 어떻게 아프냐느니와 같은 질문은 하나도 하지 않았다. 대신 침묵 속에서 맥을 짚었고, 환자의 눈꺼풀을 들추어보았으며, 혀의 색깔을 검사했고, 척추를 부드럽게 마사지했다. 그런 다음 아무 말 없이 코카 잎을 씹은 후 그 잎에 나타난 것을 읽으며 어떤 병인지 결론을 내렸다. 그리고 자기의 처방이 효력을 발휘하게 해달라면서 자연의 모든 신들에게 기도를 했다. 만일 약이 준비되어 있지 않을 경우에는 각각의 약초를 조심스레 섞어서 약을 만들곤 했다.

그런데 언젠가 그가 산과 들로 모습을 감추었을 때의 일이었다. 그는 곰의 지방과 발톱, 콘도르의 부리와 발톱, 퓨마의 지방과 뼈를 비롯해 칠현자꽃〔안데스 지역에서 마법의 꽃으로 알려져 있으며, 7인의 지혜가 담겨 있다고 전해짐: 옮긴이〕과 같은 식물을 구하려고 했지만 아무런 소득이 없었다. 이미 해는 서쪽으로 기울고 있었다. 마을로 돌아가기는 너무 늦은 시간이었다. 그는 안전하게 잠잘 수 있는 동굴을 찾기로 했다. 그때 해발 4000미터도 넘는 깊고 울창한 숲속의 조그만 폭포에서 어느 여인의 노랫소리가 들려왔다. 깜짝 놀란 그는 나무 뒤에 숨어서 웅크리고 앉았다. 그에게는 그런 자세가 가장 편안했을 뿐만 아니라, 그렇게 앉으면 마음이 가라앉아 그녀의 노래를 더욱 잘 들을 수 있다고 생각되었기 때문이었다. 가사는 알 수 없었지만, 그는 자기가 들었던 자장가와 똑같다는 사실은 알 수 있었다.

즐거운 마음으로 감상을 한 후, 그는 노래가 들려오는 폭포로 가까이

다가갔다. 항상 휴대하고 다니던 밧줄과 지팡이를 이용해 그곳으로 내려갈 수 있었다. 한 여인이 폭포 옆의 커다란 바위 위에 앉아 하얀 물거품으로 뜨개질을 하고 있었다. 곧 그 물거품은 가늘고 하얀 실로 변했고, 실패에 감기자 더욱 환하게 빛났다. 무지개색의 실패는 마치 일곱 색의 팽이처럼 보였다. 그녀는 바로 차우피칼키에서 지진이 일어나기 몇 분 전에 그를 구해준 여인이었다. 주위는 적막에 휩싸여 있었다. 단지 폭포 소리만이 적막을 깨고 있을 뿐이었다. 그의 발 밑에는 '샤카우요'(식용 난초)가 자라고 있었다. 그는 갈증과 배고픔을 달래기 위해 꽃을 따서 먹었다. 그리고는 주위를 살펴보았다. 한 번도 인간의 발길이 닿지 않은 곳이었다. 그래서 처음에는 자기가 그 땅을 밟은 최초의 사람이라는 생각에 행복해했지만, 얼마 후에는 경솔하게 섣부른 행동을 한 것은 아닐까 두려웠다. 아이라가 노래를 불러 그를 오게 한 것일까? 아니면 단지 잔인무도한 탐험가에 불과할 뿐인가? 그는 이런 생각을 해보았지만, 이미 깊은 협곡 속에 발을 들여놓은 후였다. 그래서 그녀의 신비를 함께 나누든지, 아니면 경솔함의 대가를 치르든지 해야 했다.

"누카야무이…… 쿠리와이타(자비로우신 여인이여, 저는……)."

"아이와카야아무이(여기에 오신 것을 환영합니다)."

그는 그곳에서 그가 그토록 찾아 헤매던 약초들을 발견했다. 그리고 대지의 자매라고 일컬어지는 별들이 쳐다보는 가운데 잎사귀가 촘촘한 식물을 담요로 삼아 밤을 보냈다. 다음날 그는 필요한 약초를 배낭에 가득 채우고 마을로 돌아왔다. 그는 들어올 때보다 덜 위험한 곳으로 나왔다. 하지만 그의 귀에는 아이라의 말이 생생히 울려퍼지고 있었다.

"이곳은 자신의 모든 것을 들을 수 있는 곳이에요. 당신의 피가 어떻게 순환하는지도 알 수 있어요. 또한 물과 바위와 식물과 동물과 별들의 언어도 이해할 수 있는 곳이지요…… 이곳은 당신이 사는 번잡한 세계와는 동떨어진 무인도와도 같은 곳이랍니다. 아이라는 이렇게 실제로 존재합니다. 그렇지만 마음씨 나쁜 사람에게는 내 노랫소리도 들려주지 않고, 내 모습도 보여주지 않는답니다."

또 한 번은 타이타이울류가 '부카우와시'〔'붉은 집'이라는 뜻임: 옮긴이〕 언덕 위에 있던 자투리 땅에서 고구마 농사를 짓고 있을 때였다. 고구마는 마치 열대 지방에 있는 것처럼 무럭무럭 자랐다. 그는 '피쉬코파야쿤'〔'새의 물'이란 뜻임: 옮긴이〕의 얼마 안 되는 물로 고구마밭에 물을 주고 있었다. 그런데 깜짝 놀랄 일이 벌어졌다. 그 물은 우리가 흔히 볼 수 있는 물이 아니라 거품이 일며 진한 향내를 풍기고 있었던 것이다. 그는 용기를 내어 그 물이 내려오고 있던 산으로 올라가보기로 결심했다. 온 힘을 다해 아무도 눈치채지 못하도록 샘물이 솟아나고 있던 곳에 도착한 그는 그곳에서 무지개에 둘러쌓인 아름다운 여인이 긴 머리칼을 매만지고 있는 것을 발견했다. 그는 아이라가 놀라지 않도록 아주 조심스럽게 지켜보았다. 그런 다음 아이라가 눈치채지 못하도록 그곳을 내려오면서, 아무도 그곳에 올라가 그녀를 괴롭히지 못하도록 해야 한다는 사실을 깨달았다. 그 후 그곳의 수확량은 다른 곳과 비교가 되지 않았으며 심지어

비가 오지 않던 때에도 물이 부족한 적이 없었다.

"바로 이런 이유로 옛사람들은 도랑을 만들고, 샘물 앞에 붉은 진흙과 돌로 집을 지었던 것이군."

그는 이렇게 되뇌었다.

이때말고도 아이라가 다시 모습을 나타낸 적이 있었다. 이것은 이울류 할아버지가 경험했던 것보다 더 유명하고, 심지어는 친척들과 모든 부락 사람들에 의해 확인된 것이기도 하다.

아홉 살 먹은 어린아이 윈투는 평소와 마찬가지로 쿰바요 근처에서 가축에게 풀을 먹이고 있었다. 아무 생각 없이 걸었던 탓인지, 아니면 아이라가 일부러 그를 오게 만든 것인지는 알 수 없었지만, 그는 마차이푼쿠 입구로 걸어갔다. 그런데 그곳에서 그는 마치 대지가 삼켜버린 것처럼 감쪽같이 사라져버렸다. 그날 오후에 몇몇 가축들이 홀로 우리로 되돌아왔다. 부모들은 저녁때까지 윈투를 기다렸지만 그는 돌아오지 않았다. 그러자 부모들은 걱정이 되어 아들과 가축들을 찾아나섰다.

"윈투우우! 윈투우우! 윈투우우!"

부모들은 사방으로 그를 부르며 다녔다. 그러면서 흩어져 있던 가축들을 한데 모았다. 윈투의 애견이었던 쿠티치는 동굴 입구에서 슬프게 울부짖고 있었다. 개만이 윈투에 관해 알고 있는 유일한 증인이었다.

새날이 밝아오자 부모들은 코카 잎으로 점을 치는 사람들을 찾아다녔다. 그들은 이구동성으로 이렇게 말하였다.

"윈투는 살아 있어. 아주 가까이 있으면서도 동시에 아주 멀리 떨어져 있군. 근처 개울이나 쿰바요 산에 사는 아이라의 마법에 걸린 거야."

그러면서 이렇게 충고했다.

"쿠티치를 조심해서 보살피시오. 그 개는 윈투의 행방을 알고 있소. 단지 우리에게 어떻게 설명할지를 모르는 것이오. 닷새마다 마차이푼쿠 근처에 쇠똥을 놓고 태우시오. 동이 틀 때부터 석양이 질 때까지 쇠똥을 태우시오. 그것은 바로 아이라에게 윈투를 되돌려달라고 하는 신호요. 윈투는 다시 모습을 나타낼 것이오. 아이라나 우리의 정령들은 인간들을 잡아먹지 않소. 그들은 우리의 적이 아니오. 아이라의 마법에 걸렸던 몇몇 사람들은 과거와 미래를 명확하게 볼 수 있는 현자가 되어 돌아오기도 했소. 윈투가 이 세상으로 돌아오면, 우리는 아이라가 무슨 메시지를 보냈는지 알게 될 것이오."

윈투가 사라진 지 보름째 되는 날 아침이었다. 윈투의 아버지는 쇠똥을 태우기 위해 쿠티치의 목에 줄을 매었다. 그런데 마차이푼쿠 근처에 이르자, 개는 꼬리를 살랑살랑 흔들며 윈투의 아버지를 동굴로 이끌었다. 무언가를 직감한 아버지는 쿠티치가 안내하는 곳으로 갔다. 그때 멀리서 누군가의 모습이 보였다. 마치 아들의 모습 같았다. 그는 잠시 걸음을 멈추었다. 그리고는 오른손으로 개를 안고 왼손으로는 짖지 못하도록 주둥이를 꼭 붙잡았다. 개는 신음 소리를 내면서도 기뻐서 어쩔 줄 몰랐다. 그는 천천히 동굴 입구로 다가갔다. 그리고는 큰 소리로 외쳤다.

"윈투니?"

"예, 아빠."

윈투는 깊은 잠에서 깨어난 듯이 깜짝 놀라며 대답했다. 정말로 윈투였다. 그는 아무 상처도 없이 깨끗한 모습으로 다시 나타났던 것이다.

윈투는 그 동안 있었던 일을 이야기했다. 아름답고 착한 여인이 그의 앞에 나타나 색색으로 치장된 화려한 집으로 데려갔으며, 그 집에는 커다란 침실들이 즐비했고, 정원에는 꽃이 만발했으며, 물과 음식과 과일을 비롯한 모든 것이 풍족했음을.

그러나 그는 자기 가족과 친구와 애견 쿠티치가 그리웠다. 또한 자기가 풀을 먹이던 소들도 떠올랐다. 그는 아이라에게 그곳에서 떠나고 싶다고 말했다. 그러자 그녀는 슬픈 표정을 지으면서도 그의 마음을 이해해주었다. 그리고 그를 동굴 입구까지 바래다주면서 이렇게 말했다.

"아, 인간의 기억! 인간의 기억!"

그해에 윈투 아버지는 나이 많은 사람들의 조언을 받아 마차이푼쿠 맞은편에 있는 조그만 밭에 감자를 심었다. 그것은 아들을 돌려보내준 아이라에게 감사한다는 표현이었다. 그런데 이 감자밭은 모든 마을 사람들을 놀라게 했다. 이곳에 심은 감자는 눈에 띄게 빨리 자라났을 뿐만 아니라, 진한 향내를 풍기며 꽃을 피웠고, 그 꽃에는 한시도 쉬지 않고 악어새와 나비들이 찾아들었다. 그리고 아주 맛있는 감자가 엄청나게 많이 생산되었다. 그해에는 비가 거의 오지 않았기 때문에 이런 것은 기적과 다름없었다. 수확한 감자가 너무 많아 모두 가져올 수 없었던 아버지는 윈투가 사라졌던 그 동굴에 감자를 쟁여놓았다. 아이라는 윈투의 아버지에게 이렇게 보답했던 것이다.

원투가 아이라를 보았다는 말은 키타락사뿐만 아니라 다른 마을로도 퍼져나갔다. 그리고 이 아이는 자주 사라졌다가 다시 모습을 드러내곤 했다. 그런데 무지 때문인지 사악한 의도를 품고 그랬는지는 모르지만, 어느 이방인이 고민에 빠진 원투의 부모들에게 성수(聖水)를 뿌리면 원투가 더 이상 사라지지 않을 것이며, 아이라를 잊을 수 있을 것이라고 말했다. 부모들은 원투를 영원히 잃을지도 모른다고 두려워하고 있었으며, 또한 도시 사람이 시골 농부보다는 더 많이 알고 있을 것이라고 생각했다. 그래서 원투를 인근 마을에서 열리던 축제에 데려갔다. 그곳에는 마을 수호 성인에게 감사의 미사를 드리기 위해 신부가 도착해 있었다. 부모들은 그 동안 있었던 일을 신부에게 모두 말했다. 그러자 신부는 원투에게 성수를 뿌려주면서 악마를 물리치는 의식을 치러주었다.

그해 원투는 더 이상 모습을 감추지 않았다. 그러나 점차로 그는 말이 없어졌고, 농사나 목축과는 상관없는 다른 생각에 잠기곤 했다. 사람들은 원투가 아이라를 그리워하기 때문에 고통받는 것이라고 생각했다. 그는 과거의 일을 더 이상 이야기하지 않았고, 사람들과 만나는 것도 피했다. 그러나 그가 대부분의 기억을 잃어버렸다는 것을 깨달은 사람은 거의 없었다. 그는 멍청이가 되어버린 것이었다.

# 바보와 수파이

"할아버지, 수파이는 어떻게 생겼어요?"
"할아버지, 수파이가 어떤지 말하지 마세요. 말만 들어도 무서워요. 수파이 이야기를 들으면 무서워서 잠을 못 잘 것 같아요."
어린아이는 무섭다는 듯이 어깨를 움찔거렸다.
"걱정 말아라. 수파이는 사람들이 말하는 것과는 달리 그렇게 무섭지는 않단다. 그는 자기의 뜻을 완전히 이룰 수 없었던 불쌍한 존재란다. 그런 것을 익히 잘 알고 있기 때문에 그는 그 누구보다도 더 고통을 받고 있지. 수파이는 우리에게 나쁜 짓을 할 수는 있지만, 우리를 먹을 수는 없단다. 왜냐하면 우리처럼 위를 갖고 있는 것이 아니거든. 하지만 우리의 영혼을 빼앗을 수는 있어. 이제 그럼 바보와 수파이에 관한 이야기를 해줄 테니 한번 들어보렴.

옛날에 바보가 살고 있었단다. 그는 부모들이 말하는 것을 전혀 알아듣지 못했어. 그래서 항상 골칫덩어리였지. 하지만 부모들은 자기들이 낳은 자식이었기에 인내를 갖고 기르는 수밖에 없었단다. 그가 스무 살 무렵이었지. 어느 날 아버지는 산기슭에서 밭을 갈다가 근처 샘물가로 물을 길러 가야만 되었어. 그는 샘으로 가기 전에 바보 아들에게 이렇게 부탁했단다.

'물을 길어올 테니 이 소들을 잘 지키도록 해라.'

아버지의 말대로 바보는 소 앞에 앉아 그들을 바라보고 있었어. 소들은 턱을 움직여 되새김질하고 있었지. 하지만 그는 소들이 되새김질한다는 사실을 알 리가 없었어. 대신 이 동물들이 투덜대면서 자기를 비웃고 있다고 생각했지. 화가 난 그는 돌을 들어 황소들에게 마구 던지기 시작했어. 그러자 소들은 멍에를 멘 채 도망치다가 절벽으로 굴러떨어져 죽고 말았단다. 샘에서 돌아온 아버지는 황소들이 보이지 않자 깜짝 놀랐어. 하지만 자신의 아들이 손에 돌을 든 채 씩씩거리며 화를 내는 모습을 보자 이내 무슨 일이 있었는지 깨달았지.

'소들이 중얼거리며 나를 비웃었기 때문에 돌을 던졌어요. 아버지가 나를 비웃는 사람에겐 돌을 던져서 혼내주라고 하셨잖아요. 하지만 돌을 던지자 바보 같은 소들이 비겁하게 도망치다가 벼랑으로 굴러떨어졌어요. 그래서 죽은 거예요.'

'애야, 소들이 입을 움직이는 건 되새김질을 하기 위해서 그러는 건

데……'

'그런데 왜 그런 말을 해주지 않으셨어요?'

아버지는 바보 아들의 말에 주먹으로 자기 머리를 마구 쥐어박았지. 어쨌거나 자신이 낳은 자식이었으니 어찌할 도리가 없었어. 그러면서 그는 속으로 이렇게 말했단다.

'위대하신 창조주 파차카막이시여, 왜 제가 이런 고통을 당해야 합니까?'

그들은 벼랑으로 내려가 소들의 가죽을 벗겼어. 그리고 고기를 햇빛에 말린 다음 육포로 만들어 개들의 손이 닿지 않는 지붕 위의 한구석에 숨겨놓았지. 그런데 어느 날 부모들이 여행을 떠나야만 할 일이 생겼어. 그래서 아들에게 떠나기 전에 수차에 걸쳐 주의를 주었단다.

'육포를 모두 먹어버리면 안 돼. 이건 8월의 양식이란다.'

부모가 없는 동안, 바보 아들은 한시도 집을 비워서는 안 된다는 부모의 말대로 집에서 한 발짝도 나가지 않았지. 하지만 '이건 8월의 양식이야'라는 아버지의 말을 떠올리면서 걱정에 사로잡히게 되었어. 그는 날이 밝자 집 근처를 지나가던 사람들에게 이렇게 물어보기 시작했지.

'아저씨, 혹시 8월 아니세요?'

하지만 모든 사람들이 고개를 갸우뚱거리면서 그들이 가던 길을 갔단다. 그는 다음날도 계속 이렇게 물어보았어. 그러자 마침내 지나가던 한 여행자가 이렇게 대답했어.

'그래, 내가 8월이란다.'

'정말이세요. 그러면 잠시만 기다리세요. 우리 아버지가 8월에게 줄 양

식이라고 육포 한 자루를 남겨놓으셨거든요.'

'얘야, 혹시 네가 잘못 알고 있는 것 아니니? 난 네 아버지를 몰라.'

'아니에요. 저는 아버지 지시를 이행할 뿐이에요. 여기 육포 자루가 있으니 가져가세요.'

깜짝 놀란 여행자는 놀라움을 감추지 못한 채 그 자루를 받았단다. 바보가 아버지의 지시라고 우기는 바람에 어찌할 방법이 없었던 거야. 그는 이것이 행운인지 아니면 이 육포를 팔아달라는 이야기인지 알 수가 없었어. 어쨌거나 아버지의 지시라고 우기는 바보와 말해봤자 헛수고라는 사실을 깨달은 그는 그냥 육포 자루를 가져가기로 했어.

부모들이 집에 도착하자, 바보는 지시한 대로 8월에게 육포를 모두 건네주었다고 자랑삼아 이야기했어. 부모들은 바보 아들을 낳은 자신들을 원망하는 수밖에 없었지.

그로부터 일 년 후, 부모들은 바보 아들을 바보 여자와 결혼시키게 되었어. 바보 여자는 시부모 집에서 남편과 며칠 살더니 그곳 생활이 힘들다면서 친정 부모와 함께 살고 싶다고 말했단다. 시집 생활이 쉽지 않다는 사실을 알고 있던 시부모들은 며느리의 의견에 반대하지 않았지.

그래서 신혼 부부는 사흘 간의 여정으로 신부의 집을 향해 떠나게 되었단다. 첫날밤은 산중턱에 툭 튀어나온 동굴에서 잠을 잤어. 그곳은 야행성 동물들이 공격할 수 없는 아주 안전한 장소였거든. 그런데 한밤중에 잠에서 깨어난 바보 남편은 악사들이 연주하는 음악 소리를 듣게 되었어. 그 소리는 동굴 아래의 평평한 지대에서 들려오고 있었지. 그는 아무도 눈치채지 못하게 산등성이로 다가갔어. 그곳 아래에서는 아주 비싼 옷으로 차려입은 하얀 피부의 부자들이 테이블처럼 생긴 바위 위에서 금붙이로 게임을 하고 있었지. 의심의 여지없이 그건 수파이가 자기 부하들을 데리고 노는 것이었단다. 놀란 바보 아들은, 세상 모르게 코를 골며 자고 있는 바보 아내 곁으로 다가갔어. 그런데 그 순간 아내는 속이 안 좋은지 배를 움켜쥐며 마구 신음을 하기 시작했단다. 바보 남편은 달래보았지만, 아무런 소용이 없자 토하려는 아내를 데리고 수파이와 그의 부하들이 보이는 산등성이로 갔어. 그곳에서 아내는 마침내 구역질을 하고 말았지. 갑작스런 구토물 세례를 받은 수파이와 그의 부하들은 평평한 바위 위에 가지고 놀던 금을 놓아둔 채 줄행랑을 쳐버렸어.

다음날 바보 남편은 평평한 바위로 내려가서 그곳에 있던 금붙이와 보석을 모두 주워담았어. 금붙이는 굉장히 많았단다. 그들은 낑낑대면서 간신히 신부의 집에 도착했어. 그러자 아내의 부모들은 사위의 용기와 행운을 칭찬하면서 그들이 가져온 금과 보석으로 커다란 농장을 샀지. 바보 남편과 아내는 그곳에서 수많은 하인들을 거느리며 편안하게 여생을 보냈단다."

# 저주받은 영혼의 땅과 악마의 꽃

파랑쿠는 가시와 쐐기풀로 가득한 산비탈이다. 그 잡초들은 아래로 뒹굴러 평평한 곳에서 쉬는 대신 그곳에 있기를 원한 거대한 바위들 틈새에서 자라난다. 그 비탈을 잘 아는 목자들은 그곳을 무척이나 두려워한 나머지 자신들의 양들이 그 장소에 접근하는 것을 막는다. 멀리서 보면 그곳은 희뿌연 땅처럼 보인다.

용감한 사람인지 아니면 무분별한 사람인지는 모르겠지만, 좌우간 어떤 사람이 두 마리의 노새를 끌고 땔감을 찾기 위해 그곳으로 갔다. 그러자 바위와 가시와 쐐기풀들이 모두 한쪽으로 비켜주었다. 나무꾼은 아무도 감히 들어오려고 하지 않던 비밀의 길을 자기가 발견했다고 믿었다. 그는 두 노새가 길 밖에서 무성한 풀을 뜯어먹게 놔두고 한참 동안을 걸어들어갔다. 그리고 잠시 자신이 걸어들어온 길을 돌아보기 위해 고개를 돌렸다. 그런데 놀랍게도 길은 사라지고 없었다. 그곳에는 바람 소리도 들리지 않았고, 목소리도 메아리치지 않은 채 침묵만이 흐르고 있었다. 모든 것이 이상하기 짝이 없었다. 그때 그의 앞에 있던 큰 바위가 활짝 열렸다. 그는 그 문이 매혹의 세계로 들어가는 입구라고 생각하면서 그 안으로 들어갔다. 그곳에는 커다란 집들로 가득 찬 마을이 있었다. 그 마을의 집들은 모두 번쩍이는 금으로 치장돼 있었다. 그때 어떤 집에서 우아하게 차려입은 하얀 피부의 부자가 나왔다. 이 마을의 주인이었던 그는 나무꾼을 자기 집으로 들어오라고 한 후, 몇 가지 질문을 던졌다.

"무엇 때문에 여기로 온 거죠?"

"저는 우리 마을의 축제를 책임지고 있는 사람입니다. 시간을 갖고 돈을 모아야 합니다. 그래서 장터에 갖다 팔 땔감을 찾아 이곳으로 온 겁니다."

"당신이 일하기를 원한다면, 나도 일자리를 줄 수 있소. 당신은 나무꾼이니 내게 땔감을 해오시오. 그러면 당신에게 응분의 대가를 치르겠소. 당신이 일을 하는 동안 우리집에 머물러도 좋소."

"고맙습니다. 그럼 딱 일 년만 머무르겠습니다."

"일만 잘한다면, 당신이 원하는 대로 얼마든지 머물러도 좋소. 하지만 여기에서는 반드시 쇠로 만든 이 신발을 신어야 하오."

그는 이렇게 말하면서 나무꾼에게 차가운 기운이 감도는 무거운 신발을 내밀었다.

"이 신발이 다 닳으면 당신에게 돈을 주겠소."

시간이 흘렀다. 그 동안 집주인의 아름다운 딸은 나무꾼을 눈여겨보았다. 그녀는 나무꾼이 열심히 일하고 정직하며 참된 것을 알고 그에게 애정을 느꼈다. 그녀는 자기도 모르게 난생처음으로 사랑에 빠진 것이었다. 그들이 은밀하게 만나던 어느 날, 그녀는 사실대로 모든 것을 말해주었다.

"우리 아버지는 수파이예요. 당신이 착한 사람이기 때문에 이리로 데려온 거예요. 이 신발을 신으라고 한 것은 당신이 도망칠 때 발자국 소리를 듣고 쫓아가기 위한 거예요. 당신이 여기로 들어왔을 때 신고 있던 신발은 내가 잘 보관하고 있어요. 아버지는 그 신발을 태워버리라고 했지만, 아마도 당신이 필요로 할지 몰라 간직하고 있었어요. 내가 아버지 말을 거역한 것은 이번이 처음이에요."

"고마워, 쿠리와이타〔'황금 꽃'이란 의미이지만 종종 '다정한 여인'으로 쓰인다: 옮긴이〕. 만일 내가 결혼하지 않았고, 자식들만 없었다면, 아마 당신에게 청혼을 했을지도 몰라."

"당신의 솔직함이 마음에 들어요. 그래서 당신을 훌륭하게 평가하는 사람을 만나면 행운을 얻을 거예요. 하지만 당신의 솔직함을 악용하는 사람을 만나면, 그것은 영원한 저주가 될지도 몰라요. 그러니 당신 마음을 모든 사람에게 활짝 열어놓지는 말아요. 당신을 사랑해요."

　두 사람은 행복에 가득 찬 눈빛으로 서로를 바라보았다.

"당신이 나무를 하러 가게 되면, 노새 똥으로 당신 신발을 비비세요. 그러면 신발이 금방 닳을 거예요. 그리고 땔감을 구하려면, 밧줄을 바닥에 펼쳐놓고 '땔감아, 땔감아, 땔감아!'라고 외치세요. 그러면 산속의 모든 뱀들이 나타나 밧줄 위에 드러누울 거예요. 그때 뱀들을 꽁꽁 묶은 다음, 노새 위에 실으세요."

수파이가 땔감을 해오라고 보내자, 그는 노새 한 마리를 몰고 파랑쿠의 높은 기슭으로 올라갔다. 그곳에서 그는 신발도 신지 않고 옷도 걸치지 않은 채 몸에는 부스럼이 가득한 수많은 영혼들을 보았다. 이 영혼들은 그가 그림자를 지닌 것을 보고 자기 친척들에게 안부를 전해달라고 부탁했다. 그들은 가족이나 친척 혹은 양자나 양녀와 사랑을 나누었기 때문에 저주받은 영혼들이었다. 그들은 추위에 떨면서 바위나 돌을 부수어 보석이나 금을 찾거나, 아니면 커다란 뿔이 달린 양들을 돌보고 있었다.

그렇게 그는 숲이 우거진 곳으로 들어가서 평평한 곳을 찾아 밧줄을 놓고 '땔감아, 땔감아, 땔감아!'라고 외쳤다. 그러자 즉시 각양각색의 뱀들이 나타나 밧줄 위에 드러누웠다. 그는 재빨리 뱀들을 꽁꽁 묶어 나귀에 실었다. 그러자 뱀들은 나귀를 물어뜯으며 그의 항문이나 성기, 눈이나 입 혹은 코를 가리지 않고 구멍이란 구멍에는 모두 파고들었다. 나귀는 어찌나 괴로웠던지 펄쩍펄쩍 뛰면서 뱀들을 떨어뜨리려고 했다. 그는 나귀의 울부짖는 소리에 깜짝 놀라 매어두었던 고삐를 세게 잡아당겨 얼굴을 세게 내리쳤다.

"아이, 내 눈! 내 눈이 빠져버렸어요!"

나귀는 이렇게 소리쳤다. 익숙한 목소리에 깜짝 놀란 그는 얼른 채찍질을 멈추었다.

"히야(헤라르다의 애칭: 옮긴이) 아주머니 아니세요! 그런데 왜 나귀가 된 거지요?"

"그래요. 바로 나예요. 우리집에 항상 머물던 신부 말을 너무 잘 들었다는 이유로 이렇게 된 거지요."

땔감을 갖고 돌아온 그는 이 모든 것을 사랑하던 수파이의 딸에게 이야기해주었다. 그리고 그곳에서 나가고 싶으니 도와달라고 애원했다. 그녀는 한참 동안 침묵을 지키더니 마침내 그가 신고 왔던 신발과 자루를 내주었다. 그 자루에는 그녀가 집어넣은 몇 개의 돌이 담겨져 있었다.

"내 머리칼을 꼭 잡고 눈을 감으세요. 그리고 손에서 내 머리칼이 느껴지는 동안에는 절대로 손을 놓지 마세요. 손에서 내 머리칼이 느껴지지 않으면, 그때 눈을 뜨세요. 그리고 저 밖에서 당신을 기다리고 있는 노새를 몰고 가도록 하세요. 당신 집에 도착하기 전까지 이 자루에 담긴 것을 열어보면 안 돼요. 만약에 나를 다시 보러 오고 싶으면, 내가 당신을 풀어준 곳으로 오세요. 그곳에서 눈을 감고 나를 부르면, 내가 나와 당신을 이리로 데려오겠어요."

"고마워, 쿠리와이타. 당신처럼 착한 여자는 아마 이 세상에 없을 거야. 당신이 시키는 대로 하겠어."

그는 자기가 신고 왔던 신발을 신고 어깨에 자루를 걸쳤다. 그리고 사랑하는 여인에게 다가갔다. 수파이의 딸은 고개를 뒤로 돌렸다. 우는 모습을 보이고 싶지 않았던 것이다. 그는 그녀의 긴 머리칼을 잡고 눈을 감았다. 그의 발은 빠르게 움직이기 시작했다. 그런 다음 숨이 찬 듯 헉헉거리는 차가운 바람 소리를 느꼈다. 그때 그는 자신의 손에서 머리칼이 없어졌음을 느끼고는 살며시 눈을 떴다. 그러자 자기가 놓아둔 바로 그 자리에 두 노새가 풀을 뜯고 있는 모습이 보였다. 그는 노새를 몰고 마을로 내려갔다. 자루는 몹시 무거웠지만, 그 자루에 무엇이 담겼는지는 확인하지 않았다. 그는 수파이 딸과의 약속을 지키고 싶었던 것이다.

그가 마을에 모습을 나타내자, 모든 마을 사람들은 깜짝 놀랐다. 그가 떠난 지 벌써 열 달이 흘러 있었던 것이다. 어떤 사람들은 그가 죽었다고 생각했고, 또 어떤 사람들은 일자리를 찾아 도시로 떠났다고 생각하고 있었다. 그는 아내를 만나기가 무섭게 그 동안 있었던 일을 하나도 빠짐없이 말해주면서, 자루에 무엇이 담겨 있는지 열어보았다. 그것은 커다란 금덩이들이었다. 성대한 축제를 벌이고도 많은 땅과 가축들을 살 수 있는 양이었다. 그러나 자루에는 금덩이말고도 연약한 줄기 하나가 담겨져 있었다. 두 사람은 그 식물을 마당 한가운데 심었다. 그리고 히야 부인의 집으로 향했다. 고열에 시달린 그녀는 이미 두 눈이 멀어 있었다.

"아주머니가 앓고 있는 병은 일반적으로 볼 수 있는 병이 아니에요."

이렇게 말한 후 그는 그녀의 영혼이 수파이의 나귀로 이용되고 있다는 사실을 알려주었다.

"당신이 말한 것은 모두 사실이에요. 그렇지만 목숨을 잃는 한이 있어도 내 영혼은 구해야만 돼요. 그렇지 않으면 파랑쿠의 꼭대기에서 영원히 고통을 받을지도 모르거든요."

히야 부인은 집 안의 인부들을 불러모아 아궁이를 뜨겁게 지핀 다음 신부처럼 옷을 입고서 아궁이로 다가가 몸을 던졌다. 그녀의 몸은 꿈틀거리더니 타오르기 시작했다. 마침내 아궁이 굴뚝으로 흰 연기가 솟아올랐다. 그것은 그녀의 영혼이 구제되었다는 신호였다.

그해의 축제는 마을 역사상 가장 웅장하고 성대했다. 모든 사람이 마음껏 먹고 마시고 춤을 추었다. 부족한 것은 아무것도 없었다. 히야 부인의 장례 미사를 치르기 위해 마을에 왔던 신부는 미사가 끝나자마자 악마에 쫓기는 영혼처럼 그 마을을 빠져나갔다.

다음해 마당 한가운데에서는 그들이 심은 식물이 꽃을 피웠다. 그것은 현재 '수파이파와이탄'(악마의 꽃)이라고 알려져 있다. 그래서 사람들은 이 식물을 절대로 성인들의 제단에 올려놓지 않는다.

또 한 번은 이런 일이 있었다. 어떤 사람이 일거리를 찾아 산길을 올라가고 있었다. 그런데 도중에 화려하게 치장한 말을 타고 오던 사람과 마주쳤다. 그의 안장과 결쇠와 고삐는 모두 금과 은으로 장식되어 있었다.

"어디로 가시오?"

그 남자가 물었다.

"일자리를 찾아 해안가로 갑니다."

산길을 가던 남자가 대답했다.

"당신이 일자리를 원한다면, 내가 줄 수 있소. 우리 광산에 광부가 필요하오."

"고맙습니다."

"그럼 내 뒤에 타시오."

이렇게 몇 시간 동안 여행한 끝에 파차친 나무가 우거진 계곡에 도착했다. 그곳에서 말을 몰던 남자가 말했다.

"이제 잠시 눈을 감으시오."

잠시 후 눈을 떴을 때, 그는 전혀 모르는 마을에 도착해 있었다. 그는 만년설 아래에 숨어 있는 광석에 쐐기를 박아 금을 캐내는 작업을 하게 되었다. 그러자 그의 그림자를 본 시체처럼 창백한 일꾼들이 그에게 몰려들었다. 그는 자기가 어떻게 그곳에 오게 되었는지 말해주었다. 그러자 시체처럼 창백한 사람들은 주인이란 사람은 다름아닌 수파이이며, 지금 이곳은 파랑쿠라고 알려주었다. 하지만 그는 더 이상 그들의 말을 들을 수가 없었다. 수파이란 말을 듣자마자 기절해버렸기 때문이었다. 그가 정신을 되찾자, 불쌍히 여긴 사람들이 그에게 양들이 다니는 오솔길을 가르쳐주었다. 그러면서 아무도 그 길로 빠져나간 사람이 없지만, 그것이 유일한 탈출구이니 용기를 내라고 말해주었다. 그는 구름이 그곳을 가려 한치 앞도 보이지 않는 틈을 이용하기로 했다. 기나긴 여행에서 지친 구름이 파랑쿠에서 휴식을 취하는 동안, 그는 함께 일하던 사람들과 작별을 한 후 도망치기 시작했다. 그는 갖고 있던 쐐기를 그 바위투성이의

그로테스크한 퓨마의 모습.
퓨마는 종종 수파이와 동일시된다.

절벽을 오르는 데 사용했다. 그리고 절벽에서 빠져나오자마자, 인근 마을로 달려가 수파이의 손길에서 벗어났다.

# 영원의 도시 야이누

**흙 속에 덮인 야이누**

"이울류 할아버지, '야이누'가 무슨 뜻이지요?"
"그건 위대함과 풍요를 의미한단다. 그곳은 가장 단단한 돌도 부드럽게 만드는 잎사귀를 입에 물고 다닌다는 쿠치피유라는 새가 살고 있는 곳이지. 거대한 만년설 아래에 자리잡은 매혹적인 마을이었는데, 아직도 존재한다고 믿는 사람들도 있단다.

또한 그곳은 쿠치피유만이 알고 있는 비밀로 가장 단단한 돌을 다듬던 힘세고 똑똑한 사람들이 살던 곳이란다. 그들은 커다란 바위를 다듬은 후 아주 높은 곳에 올려놓았고, 입으로 '훅' 하고 불어서 구름을 사막으로 이동시킬 수도 있었지…… 그들은 사슴과 퓨마와 살쾡이와 여우와 흑곰을 가축으로 길렀는데, 이 동물들 역시 모두 그곳 사람들을 아끼고 사랑했단다. 호기심 많은 구경꾼들과 도둑들 혹은 그들을 질투하던 사람들을 따돌리기 위해, 그들은 신발을 거꾸로 신고 다녔단다. 그래서 모든 '무스야치'(호기심으로 모여드는 구경꾼)들은 절대로 그 도시의 입구에 이를 수 없었지. 그들은 다른 길로 접어들어 헤매다가 결국 자신들의 바보 같은 짓에 지쳐버리곤 했지. 그리고 아무런 목적도 없이 모험을 즐기기 위해 도전하는 겁 없는 사람들에게는 이상한 신호를 보내 그들을 화나게 만들었지. 그러면 결국 그들은 모험을 포기하고 되돌아가곤 했단다.

그런데 어느 날 이곳에 야이누의 모든 마력을 죽이려는 미사를 드리기 위해 한 명의 신부가 도착했단다. 그런데 미사가 시작되자마자 땅이 흔들리기 시작했어. 처음에는 가볍게 흔들리기 시작하던 것이 이내 큰 소리를 내며 진동했고, 마침내는 커다란 입을 벌려 그곳에 살고 있던 사람들을 모두 삼켜버렸지. 이렇게 이 마을은 매몰되고 말았단다. 그리고 그 위에는 흙이 덮였고, 그 흙 위에는 이내 풀과 나무들이 가득 찼단다.

아직까지도 어떤 지역에서는 가끔씩 야이누의 주민들을 볼 수 있어. 그들은 검은 판초와 파키(벨트 모양의 천. 짜기가 어렵고 무늬도 희한해서 신비의 힘으로 상징됨) 천으로 만든 줄을 목에 걸고 다니지. 또한 양털 모자를 쓰고 사슴 가죽으로 만든 신발을 신고 있으며, 채찍 소리를 내고 걸으면서 가축들이 흩어지지 않게 한단다.

만년설로 뒤덮인 산과 깊은 골짜기는 야이누가 어디에 있는지 잘 알고 있지. 하지만 그곳으로 가는 길은 너무 좁아서 아무도 지나갈 수가 없단다."

 이 대목에 이르자 할아버지는 목청을 높였다. 그리고는 잠시 먼 곳을 바라보더니 다시 이야기를 시작했다.

"야이누는 쿠치피유의 땅이자 콘도르의 땅이야. 그리고 기니피그의 땅이자 바로 우리의 땅이란다……"

"그런데 할아버지, 도대체 야이누는 어디에 있어요?"

 우리들 중 한 명이 도저히 상상할 수가 없다는 듯이 이렇게 물었다.

"내가 있는 곳을 말해주면, 아마 수파이가 들을지도 몰라. '샘물을 마실 사람이 없으면 샘물을 팔 필요가 없다'는 속담이 무슨 뜻인지 잘 생각해 보렴."

## 야이누의 마법에 걸린 소년

 한 사냥꾼이 야이누 근처에 도착하게 되었다. 그런데 그는 그곳에서 데리고 다니던 시종을 잃어버렸다. 그 시종은 열다섯 살 가량 된 소년이었다. 사냥꾼은 며칠 동안 그를 찾아다녔지만 아무런 흔적도 발견하지 못하자, 아마도 시종이 길을 잃자 스스로 고향인 유루마르카로 되돌아갔으리라고 생각하고 그곳으로 갔다. 그러자 너무나 놀란 소년의 부모들은 사냥꾼에게 자기 아들이 돌아오지 않았다고 말하면서, 아들을 꼭 찾아달라고 애원하였다.

 사냥꾼은 시종을 잃어버린 장소로 다시 되돌아왔다. 그곳에서 그는 잃어버린 시종에 대해 알고 있는 한 사람을 만났다.

"난 어떤 사람이 그 아이를 데려가는 것을 보았소."

"그 아이를 찾아주시오. 찾아만 주신다면, 무엇이든지 달라는 대로 주겠소."

"좋아요, 열흘 후에 이곳으로 오시오. 하지만 열대 지방에서 나는 파파야, 아보카도, 치리모야 등등의 과일을 가져와야 하오. 그리고 그 아이는 몸 성히 잘 있으니 걱정하지 마시오."

사냥꾼은 마을로 돌아와 열대 과일을 모으기 시작했다. 열흘째 되던 날 그는 약속한 장소로 갔다. 그곳에는 어떤 남자가 앉아 있었는데, 바로 그 남자의 무릎에 잃어버렸던 아이가 누워 있었다. 사냥꾼은 즉시 과일을 내주고 아이를 건네받았다.

"잠이 깨지 않도록 조심해서 안고 가시오."

"고맙소."

그는 어깨에 아이를 들쳐메고 급히 유루마르카로 가는 비탈길로 내려왔다. 쉬지 않고 10시간 이상을 걸은 끝에 비로소 아이의 집에 도착할 수 있었다. 슬픔에 잠겨 있던 아이의 부모들은 기뻐 어쩔 줄 몰라하며 아이를 침대에 눕혔다. 그러자 아이는 깜짝 놀라 잠을 깨면서 자기가 다른 현실 속에 있다는 사실을 깨닫고, 자기가 있던 곳으로 가게 해달라며 미친 듯이 몸부림쳤다. 부모들은 자신의 아들을 어떻게 진정시켜야 할지 몰랐다. 그래서 마치 맹수를 가두듯 집 안에 가두어버렸다. 하지만 너무 괴로워하는 아들의 모습을 보다못해 문을 열어주고, 그가 그토록 가고 싶어하는 곳으로 가게 해주었다.

"우리 아들은 미친 것임에 틀림없소. 야이누의 마법에 빠져버린 것이오. 이 모든 잘못은 우리 아이를 그곳으로 데려간 당신에게 있소."

그의 아버지는 슬픔을 참지 못한 채, 벌컥 화를 냈다.

"내가 잘못했다고요? 난 당신의 아이를 몸 성히 되돌려준 죄밖에 없소."

다시 사냥꾼과 부모들과의 싸움이 시작되었다.

그러자 사냥꾼은 다시 한번 그 장소로 가보기로 했다. 며칠을 기다린 끝에 그는 예전에 만났던 사람을 다시 만날 수 있었다.

"그 아이가 다시 이곳으로 되돌아왔나요? 아이는 더 이상 부모들과의 생활에 적응하지 못했소. 그래서 마치 맹수처럼 집 안에 갇혀 있었다오."

"다시 돌아온 그 아이를 보았소. 그러나 내가 보기에는 그 아이가 마을로 돌아갈 것 같지는 않더군요. 하지만 당신이 다시는 이곳으로 오지 않겠다고 약속한다면, 그의 부모들이 걱정하지 않도록 징표를 가져오겠소."

다음날 해가 뜰 무렵 그 사람은 소년의 판초를 가져와서 사냥꾼에게 건네주었다.

사냥꾼은 마을로 돌아와 그 동안 있었던 일을 이야기하면서 소년의 부모에게 판초를 건네주었다. 부모들은 사냥꾼에게 더 이상 아무것도 요구하지 않았다.

"야이누에는 시간이란 것이 없어요. 그러니 우리 아들은 그 마을의 문이

활짝 열릴 때까지 영원히 살아 있을 겁니다."
 아버지는 아들의 판초를 가슴에 안으며, 모든 것을 체념한 듯 슬픈 표정으로 이렇게 말했다.

# 야이누의 콘도르가 돌아오면

야이누의 콘도르는 언제 돌아올까?

아마도 그들은 우리가 전혀 예상치 않은 순간에 돌아올 것이다.

아주 먼 옛날 야이누의 콘도르는 우리 조상들을 가르친 새였단다. 어느 날 태양이 아주 높은 곳에서 무지갯빛을 내며 아름답게 빛나고 있을 때 콘도르는 만년설로 뒤덮인 참파라 산(앙카쉬에 있는 가장 큰 만년설산: 옮긴이)을 떠나 십자가 대형을 이루며 새로운 땅을 향해 날아갔단다.

그들의 임무는 인간들을 가르치는 것이었지. 더불어 살고, 사랑하고, 도우며, 태양이 우리의 아버지이고 달은 우리의 어머니이며 별은 우리의 형제들이라는 것을 가르치는 것이었어. 또한 무엇이 나쁘고 무엇이 좋으며, 무엇이 아름답고 무엇이 추하며, 하늘 나라에는 무엇이 있으며, 지금 우리가 사는 세상에는 무엇이 있는지를 가르칠 임무도 띠고 있었지.

콘도르들이 야이누에 살고 있을 때에 사람들은 오랫동안 서로 사랑하며 돕고 살았단다. 하지만 그들이 떠나자 싸우기 시작했어. 이때 피부가 하얀 사람들이 도착했고, 야이누 사람들은 그들에게 온갖 치욕과 수모를 당했지. 피부가 하얀 사람들은 강제로 일을 시켰고, 땅을 빼앗았고, 사원을 파괴했으며, 그들이 행했던 과거의 습관들을 모두 파괴하려고 했단다. 바로 그 순간부터 백인은 주인이고 원주민은 종이라는 관계가 만들어졌지.

원주민들은 정복자의 짐을 나르는 것으로 그들의 노동세를 지불하곤 했다. 스페인 정복자들은 마음에 들지 않을 경우 발로 차고 마구 때리기도 했다. 이렇게 원주민들은 말(馬)보다도 못한 대우를 받았다.

그러나 이제 곧 야이누의 콘도르가 돌아올 거야. 그들은 피부가 하얀 사람들이 이 땅에 심어놓은 모든 악을 파괴하고 우리에게 빼앗긴 땅을 되돌려줄 거야. 그러나 안타깝게도 내 눈으로는 직접 그 모습을 보지 못할 것 같구나. 하지만 너희들은 이 모든 것들을 똑똑히 지켜보렴. 마치 잡초를 뽑듯이 나쁜 것들을 무자비하게 뽑아내서 저 멀리 던져버리는 장면을 말이야.

# 귀신 나무의 정체

"이울류 할아버지, 사람의 심장을 먹고 영혼을 빼앗는다는 커다란 나무를 기억하세요?"

"물론이지. 아직도 그 나무에 희생되는 사람이 많은걸."

오늘은 구름이 유난히 많이 끼어 있었으며, 집 밖은 모두 촉촉이 젖어 있었다. 그래서 우리는 할아버지 이야기를 듣기 위해 집 안에 모였다. 바닥에 깔아놓은 가죽 위에 판초를 베개삼아 누워 계시는 할아버지는 우리에게 이야기 들려주겠다고 약속하셨다. 내일 아침 일찍 만년설 산 아래로 꽃을 따러 가야 하기 때문이었다.

"아주 오랜 옛날에 '켈카이루미'(글자가 새겨진 돌) 위에 잎이 무성한 검은 나무가 하나 서 있었어. 그 나무는 항상 무지개로 둘러싸여 있었는데, 무지개는 땅이 태양과 합쳐지거나 혹은 달과 만날 때 생기는 것이지.

감히 그 나무에 올라가려는 사람은 아무도 없었어. 하기야 그런 식인(食人) 나무를 겁내지 않을 사람이 누가 있겠니? 하지만 몇몇 사람은 그 나무를 사랑했고, 그래서 바위에 이상한 글자를 새겨놓았단다.

요즘에는 그 나무를 키타락사의 귀신나무라고 부르지. 그런데 귀신나무의 정체는 바로 검은 무지개였어. 하지만 이것을 모르는 사람들은 이 나무를 무서워했지. 그렇지만 가지가 무성한 이 나무 위에 올라가면 모든 병을 치료할 수 있는 명의가 된다는 소문이 있었단다. 그래서 많은 사람들이 우러러보기도 했지. 이 나무는 생명의 상징인 심장과 고기와 지방만을 먹고 살았어. 특히 머리가 좋은 인간이나 동물들만을 죽이곤 했지.

언젠가 한 남자가 어깨에 버터통을 짊어지고 푸카미유(붉은 진흙)로 가고 있었어. 하지만 자기 발치에 있던 바위에 귀신나무가 있다는 사실을 전혀 눈치채지 못했지. 만일 그 나무를 보았다면, 버터통을 내팽개치고 걸음아 날 살려라 하면서 도망쳤을 거야. 거대한 귀신나무는 기름 냄새를 맡자마자 마치 검은 그림자처럼 그 남자 위로 가지를 뻗쳤어. 그러자 남자는 코와 입으로 피를 쏟으며 그 자리에서 죽고 말았지. 분명히 그의 심장은 나무의 먹이가 되었을 것이고, 그의 영혼은 나무의 포로가 되어 영원히 그곳에 사로잡혀 있을 거야.

모든 병을 고칠 수 있는 아주 현명한 사람만이 이 검은 무지개에게 이 세상에 더 이상 해를 끼치지 말라고 지시하면서 대지 안으로 들어가라고 말할 수 있단다."

# 코카에 담긴 사연

스페인어로 '코카'라고 알려진 이 말은 본래 케추아어의 '쿠카'란 말에 어원을 두고 있다. 쿠카는 옛날 옛적에 어느 원주민 부락에 살고 있던 아름다운 공주였다. 그녀는 당시의 여인들이 알아야만 할 모든 것들을 배우웠다. 뜨개질과 수를 놓으며, 행사에 필요한 노래와 춤을 배우고, 할아버지나 할머니 혹은 부모들에게 들은 이야기나 격언, 혹은 어려운 말이나 연극 작품들을 익혔다. 또한 별들을 보면서 그 별들이 이 세상의 삶에 무슨 의미를 지니는지도 배웠다. 그녀는 이렇게 공주로서 지녀야 할 덕목들을 쌓아갔다.

그녀가 귀족 여인들만 사용하는 규방에 유폐되어 있을 때였다. 그녀는 선택된 공주들의 교육을 담당하던 나이 많은 아낙네들인 마마쿠나들의 입에서 놀랄 만한 소식을 들었다. 수염난 사람들이 번개와 같은 무기를 지니고 야마보다 더 큰 동물을 타고 다니며, 마치 쿠치피유처럼 금속을 먹는다는 것이었다. 그들은 금에 굶주린 사람들이었다.

어느 비 오는 날 마마쿠나가 말하던 이방인들이 규방에 도착했다. 그리고 나서 먹을 것과 잠잘 곳을 요구했다. 그들은 배를 한껏 채운 다음 보석들을 빼앗았고, 저항하던 마마쿠나들을 죽였으며, 강간을 일삼았다. 그들은 정말이지 이 세상에 있어서는 안 될 사람들이었다.

그들은 모두 한 명씩의 여자를 차지했다. 쿠카 공주는 온몸이 상처투성이인 어느 수염난 남자의 소유가 되었다. 쿠카는 자기가 쓰레기보다도 못한 굴욕적인 대접을 받고 있음을 알았다. 그녀의 부모들은 이들과 싸우다가 세상을 떠났다. 그녀는 이제 혼자였다.

어느 날 밤 그녀는 마을에서 알게 된 젊은 청년에게 자기의 슬픈 운명을 이야기했다. 두 사람은 마을 사람들이 모두 이런 비운을 맞게 된 것을 슬퍼하며, 함께 도망치기로 마음먹었다. 정글 속으로 들어가면 수염난 사람들이 쉽게 찾지 못할 것이라고 생각했던 것이다.

마을 하늘 위로 타크야[쟁기 모양의 별자리: 옮긴이]가 나타나자, 두 사람은 각자 집을 나와 산비탈로 향했다. 몇 시간 후 약속한 장소에 도착한 두 사람은 피로도 잊은 채 계속해서 산 위로 올라갔다. 그러나 불행히도 수염난 사내의 늙은 첩이 쿠카가 몰래 집을 빠져나가는 장면을 목격했다. 그녀는 사내에게 쿠카가 도망을 치고 있다고 일러주었다. 화가 난 사내는 쿠카를 부르며 집 안 구석구석을 돌아다니며 찾았지만, 그녀는 보이지 않았다. 그러자 하인들에게 말에 안장을 올리고, 개를 풀라고 지시했다.

　날이 밝을 무렵, 두 사람은 이미 산을 넘어 커다란 호숫가 근처에 펼쳐진 평원을 달리고 있었다. 안데스 고원 지대의 차가운 바람이 그들의 얼굴을 때렸다. 하지만 걷는 것보다는 말을 타는 것이 훨씬 빨랐다. 그들을 뒤쫓던 사내는 이내 산 정상에 도착했다. 그는 말의 옆구리를 발로 차며 계속 평원을 달렸다. 얼마 안 되어 도망자들이 눈에 들어왔다. 그는 사냥개를 풀어 그들을 추격하게 했다. 햇빛이 대지를 희미하게 비출 무렵, 사냥개는 이미 두 젊은 남녀들이 오르고 있던 바위 아래에 도착해 있었다. 사냥개들은 성난 듯이 짖어댔다. 그러자 그곳으로 수염난 사내가 급히 달려왔다.

　"잘못했습니다, 주인님. 다시는 이런 일을 하지 않겠어요."
　쿠카는 무릎을 꿇고 두 손을 모아 용서해달라고 빌었다.
　"이런 빌어먹을 년! 우선 내가 이 못된 놈을 어떻게 하는지 지켜봐라!"
　그는 채찍을 휘둘러 단숨에 청년을 쓰러뜨렸다. 그리고 칼을 빼 무방비 상태로 쓰러져 있던 청년의 목에 갖다 댔다.
　"루세로, 물어뜯어. 루세로, 물어뜯으란 말이야! 이놈이 오늘 네 아침식사다."
　청년은 몸을 웅크린 채 안간힘을 썼지만, 개는 청년의 몸을 사정없이 물어뜯기 시작했다. 쿠카는 청년의 몸 위로 달려들었다. 하지만 커다란 손이 그녀를 사정없이 내리쳤고 그녀는 바닥에 뒹굴었다. 더욱 화가 치민 사내는 칼로 청년의 목을 깊이 찔렀다. 그러자 피가 솟구쳤다. 루세로는 용감한 사냥개의 진가를 보여주겠다는 듯이 그의 몸을 갈기갈기 물어뜯었다.

쿠카는 두 손이 묶인 채 돌멩이투성이의 단단한 땅으로 질질 끌려갔다. 사내는 멀리서 다가오고 있는 여행자들의 모습이 보이자, 말에 묶인 밧줄을 풀고 피와 흙먼지로 뒤덮인 그녀를 길 한복판에 버리고 달아났.

그녀가 누구인지 알아본 여행자들은 시절이 바뀐 것을 통탄하면서 따뜻한 곳으로 데려가 보살폈다. 그러나 얼굴이 이지러지고 퉁퉁 부어 있던 쿠카는 손을 천천히 펴고서 다시 주먹을 쥐는 행동을 몇 번 반복하더니 이내 경련을 일으키며 숨을 거두고 말았다.

그녀가 묻힌 곳에는 작고 푸르고 향내 나는 잎사귀를 가진 식물이 자랐다. 그 식물은 저수지의 다른 식물들과 함께 자라났다. 그런데 우연히 그곳을 지나던 한 노파가 쿠카의 이야기를 듣고서 그 식물로 가까이 다가갔다. 그 식물은 평범해서 사람들의 눈에 띄지 않았다. 그날 밤 노파는 쿠카라는 처녀가 그 식물이 있던 장소에서 하염없이 울고 있는 꿈을 꾸었다.

"쿠카, 왜 이렇게 울고 있는 거냐? 네 영혼이 전생에 무슨 잘못을 저질렀기에 이렇게 고통받고 있는 거냐?"

"저는 이 땅에 남아 있는 사람들을 위해 우는 거예요. 잔인무도한 수염 난 이방인들의 잘못 때문에 죽어가는 사람들을 위해 말이에요. 하지만 난 복수를 하고 말 거예요. 나는 그들을 파멸시킬 존재가 되고 말 겁니다. 나는 처녀의 몸으로 강간을 당했고, 피범벅이 된 채 강간범들의 손에 죽었어요. 하지만 나는 처녀의 우아한 모습으로 다가가 수염난 사람들을 유혹할 거예요. 그리고 그들의 후손들을 천천히 죽음의 수렁으로 빠뜨릴 겁니다. 이곳의 산신령도 나에게 그렇게 하라고 충고했습니다."

잠에서 깨어난 노파는 그 식물을 다시 만나보기 위해 그곳으로 갔다. 그리고 매혹적인 잎사귀를 뜯어 손에 올려놓고 진심으로 이렇게 말했다.

"산신령들이 하라는 대로 해라. 그들이 말할 때는 모두 이유가 있기 때문이다. 그러나 제발 우리 종족은 보호해다오. 그들에게는 계속해서 힘과 용기를 주고, 그들과 함께 있어다오."

시원한 아침 바람이 불어오자 잎사귀가 살랑살랑 흔들렸다. 노파는 그 잎사귀를 입에 넣고 씹었다. 입안에 향기가 가득 찼다. 그녀는 그곳을 떠나기 전에 자기의 꿈을 말하면서 모든 사람들에게 특별한 관심을 갖고 이 식물을 보살펴달라고 부탁했다. 그리고 이 씨앗을 방방곡곡으로 퍼뜨려 쿠카의 말이 이루어질 수 있도록 하라고 말했다.

페루의 원주민 문화 속에서 코카는 초자연적인 존재의 말을 이해하는 도구로 사용되었다.

그래서 어머니 코카의 아들들은 그 잎들을 먹으며 풍요로운 삶을 살 수 있도록 기쁜 마음으로 이렇게 노래한다.

마마 쿠카 쿠티뭉캄
사프라쿠나 와뉴칙닌
(수염난 사람들을 죽이기 위해
어머니 코카가 돌아올 것이다.)

# 사람과 뱀과 여우

어떤 사람이 여행에서 돌아오고 있었다. 그는 울창한 숲속을 지나다가 길가에 힘없이 누워 있는 뱀을 발견했다. 뱀은 갈증과 배고픔을 이기지 못해 죽어가고 있었다. 뱀의 몸에는 깊은 상처가 나 있었다. 매의 포로가 되었다가, 간신히 목숨을 건진 것 같았다. 아무도 없이 외롭게 죽어가고 있는 뱀을 본 여행자는 측은한 생각에 뱀을 배낭에 넣고 마을로 돌아왔다. 그리고 온갖 정성과 애정을 다해 키웠다.

모든 커다란 동물들은 조그만 동물보다 훨씬 더 많이 먹는 법이다. 뱀 역시 주인이 주는 먹이로는 양이 차지 않았다. 그리고 제대로 된 먹잇감도 구할 수 없었다. 마구 먹어치우는 엄청나게 커다란 뱀을 보고 모든 동물들이 줄행랑을 쳤기 때문이었다. 마침내 뱀은 제때에 먹잇감을 대주지 않으면 목숨을 구해준 그를 잡아먹겠다고 으름장을 놓았다. 그는 너무 놀란 나머지 뱀에게 정기적으로 양이나 돼지, 혹은 송아지를 먹이로 주었다. 그러나 가축이 동이 나자, 뱀에게 이런 사실을 알려주기로 마음먹었다. 하지만 뱀은 들으려고 하지 않았다. 뱀은 자신의 과거를 떠올리지도 않은 채, 이렇게 협박했다.

"닷새 내로 먹잇감을 가져오지 않으면, 당신을 잡아먹고 말 거야. 그러니 이제 슬슬 운명을 맞을 준비를 해야 할걸."

배은망덕한 뱀에게 더 이상 설명할 방법이 없어 슬픔에 젖어 있던 그는 다른 해결책을 찾아보려고 했다. 그렇게 사흘이 지나갔다. 뱀은 이미 집주인처럼 행세를 하며, 매일 오후 길고 굶주린 혓바닥을 날름거리며 한가로이 지냈다. 나흘째 되던 날 몽유병자처럼 기운이 빠져 걷고 있던 그는 좁은 길로 급히 내려오던 여우와 마주쳤다.

"아저씨, 무슨 일 있어요?"

여우는 기운이 빠져 걷고 있는 그를 보며 이렇게 물었다. 그는 여우에게 솔직히 이야기를 해주었다.

"아저씨, 이건 아저씨가 잘못해서 일어난 일이에요."

"내가 잘못했다고? 내 잘못은 뱀을 구해준 것밖에 없어."

"그래요, 그런 버러지 같은 뱀에

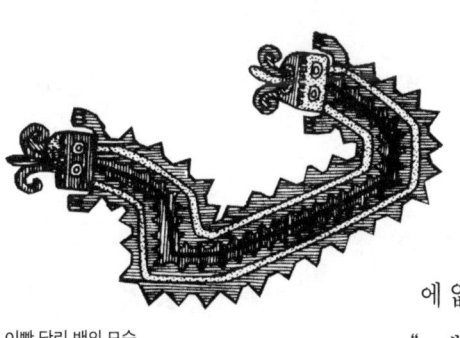

이빨 달린 뱀의 모습.

게 동정을 베푼 것이 잘못이에요."

"……"

"이제 그 배은망덕한 놈이 어떻게 은혜를 갚는지 아셨죠? 하지만 걱정 마세요. 제가 해결해드릴게요. 제가 여우라고 불리는 것은 다 이유가 있거든요."

"뱀이 너를 보면 잡아먹으려고 할 텐데 어떻게 도와주겠다는 거니? 한입에 우리 둘을 잡아먹고 말 거야. 아주 큰 뱀이거든."

"커다란 자루와 밧줄과 날이 아주 예리한 도끼를 준비하세요. 이 세 가지를 손에 넣으면 잡아먹힐 준비를 하고 내일 아침 일찍 집으로 돌아가세요. 그리고 마당에서 뱀에게 나오라고 소리치세요. 나머지 일은 걱정하지 마세요. 지금부터 제가 시키는 대로만 하면 되니까요."

"고마워, 어떻게 이 은혜를 갚아야 할지 모르겠다."

"하지만 한 가지 조건이 있어요. 아저씨가 근사한 양을 한 마리 저에게 선물로 주셔야 돼요. 아시겠죠?"

"알았어."

다음날 풀잎에 맺힌 이슬이 햇빛을 받아 사라질 무렵, 그는 자신의 집에 도착했다.

"빌어먹을 뱀아! 여기 내가 있다!"

그 말을 들은 뱀은 천천히 기어나왔다. 그 순간 '휘, 휘……' 하면서 휘파람 부는 소리가 들려왔다. 그러자 뱀은 눈에 띄지 않으려고 몸을 돌돌 말았다.

"아저씨! 마당에 있는 게 뭐예요?"

그 소리에 깜짝 놀란 뱀은 그에게 아주 작은 소리로 "나무 밑동이라고 말해"라고 속삭였다. 그는 뱀이 시키는 대로 대답했다.

"나무 밑동을 베어다 갖다 놓은 거야."

"그런데 그 나무가 움직이는 것 같아요. 무서우니 그 나무를 자루에 집어넣으세요. 아저씨가 있는 곳으로 가고 싶지만 무서워요. 요즘 아저씨 집에 아주 끔찍한 것이 있다는 소문을 들었거든요."

뱀은 다시 아주 작은 소리로 말했다.

"나를 자루에 집어넣어."

그는 뱀의 말대로 했다.

"아저씨, 그런데 그 자루가 움직여요. 왜 이렇게 겁이 나는지 모르겠어요. 밧줄로 자루를 꼭 묶으면 안심하고 그곳으로 갈 수 있을 것 같아요."

"자루를 묶을 때 조심해. 정말로 꼭 묶으면 안 돼. 저 여우가 이곳으로 오면 내가 저놈을 먹어치울 테니 말이야. 그럼 당신은 며칠 더 살 기회를 갖게 되는 거야."

뱀은 사실 이렇게 말했지만, 여우와 사람을 한꺼번에 잡아먹겠다는 생각을 하고 있었다.

그는 밧줄을 집어들고 자루를 꽁꽁 묶어버렸다. 그리고 뱀에게 말했다.

"너무 걱정하지 마. 네 목숨을 살려주고 너를 기른 사람이 바로 나라는 사실을 잊었어? 그러니 나를 믿으렴."

"아저씨, 그 자루를 저기 있는 다른 나무 밑동에 올려놓고 땔감을 만드세요. 제가 가진 고기를 익혀서 함께 먹을 수 있도록 말이에요."

"나를 저 나무 밑동에 올려놔. 그리고 밧줄로 맨 부분을 도끼로 내려치도록 해. 그럼 내가 얼른 나와서 저 여우를 잡아먹을 테니."

뱀은 이렇게 말했다. 그는 자루를 나무통 위에 올려놓은 다음 도끼를 치켜들고 대답했다.

"시키는 대로 할게!"

이 말은 뱀에게 하는 말이기도 했고, 여우에게 하는 말이기도 했다.

도끼를 내리치자 뱀이 꿈틀거렸다. 그러나 그는 계속해서 더욱 세게 도끼질을 했다. 마침내 자루에 있던 뱀은 움직이지 않게 되었다. 그러자 여우는 그에게 다가와 이렇게 말했다.

"참 단단한 나무네요. 더 세게 내리치세요, 더 세게……"

마침내 그는 배은망덕한 뱀의 위협에서 해방되었다. 그리고 여우는 뛰어난 지혜를 발휘한 대가로 선물로 약속된 양을 받았다.

# 두꺼비와 여우

도둑질과 속임수에 능한 사람은 자기를 대단한 사람으로 생각한다. 하지만 그는 철없는 철부지에 불과하다.

어느 날 도둑질과 속임수라면 그 누구에게도 지지 않는 여우가 샘물가를 지나고 있었다. 그때 쉴새없이 시끄럽게 울어대는 두꺼비 소리가 들려왔다. 여우는 천천히 혓바닥으로 물맛을 보면서, 지겹게 울어대는 두꺼비가 어디에 있는지 유심히 살펴보았다. 곧 두꺼비가 있는 곳을 발견한 여우는 거만하게 다가가 잔소리를 늘어놓기 시작했다.

"이봐, 네 목소리는 너무 음치라 듣기가 괴로워. 그러니 시끄럽게 우는 대신 잠자코 있는 게 어때?"

"각자 제 멋대로 사는 거예요."

정중하면서도 간결하게 두꺼비가 대답했다.

"뭐라고? 샘물에 비친 네 모습이 보이지 않니? 눈은 툭 튀어나왔고, 또 입은 아주 커서 추하기 이를 데 없어. 게다가 너는 기어다니지 않으면 펄쩍펄쩍 뛰기만 하고, 다리를 쭉 벌린 채 헤엄치며, 더러운 파리 같은 벌레만 잡아먹어. 그것도 모자라 시끄럽게 울면서 살아 있는 모든 동물들을 깜짝 놀라게 해. 너는 다른 동물과 비교할 수도 없는 가장 추한 존재야."

"그만 해요! 캄피스, 캄치 카양키. 누카피스, 누캄 카야아!(당신은 자신이 중요하다고 생각하지요. 하지만 나도 마찬가지란 말이에요!)"

"정말 철학자 같은 소리만 하는군. 그 속담은 무언가 비슷한 점이 있을 때에만 사용하는 거야. 하지만 너와 나는 너무 차이가 나. 지금은 그런 속담을 쓸 때가 아니야."

"정말 그런지 한번 두고 봐요. 우리 내기할까요? 당신 머리 위에 보이는 저 샘물까지 가려면 가파른 계곡을 올라가야 돼요. 누가 빨리 가는지 시합할까요?"

"좋아. 하지만 난 증인이 없는 내기는 하지 않아. 혹시 네가 내기를 건 적이 없다고 시치미 뗄지도 모르니까. 그럼, 내일 많은 동물들이 모인 가운데 시합을 하기로 하자."

"내일 아침 태양이 이 평원을 비추면, 시합을 시작하는 거예요. 당신 친구들을 모두 불러모으세요. 나는 너무나 못생겨서 친구가 별로 없거든요."

다음날 태양이 평원을 환하게 비추자 경기가 시작되었다. 거만한 여우는 육상 선수처럼 날렵하게 앞으로 뛰어갔다. 얼마 지나지 않아 여우는 자기가 얼마나 앞서 있는지 확인하고 싶었다.

"두껍아!"

"꽥꽥!"

몇 미터 위에서 두꺼비 울음 소리가 들려왔다.

놀란 여우는 더욱 빨리 뛰었다. 그리고 이 정도면 두꺼비가 헐떡거리며 뒤쫓아오겠지 하는 생각에 두번째로 두꺼비를 불러보았다.

"두껍아!"

"꽥꽥!"

그런데 다시 계곡 위에서 두꺼비 울음 소리가 들려왔다.

더욱 놀란 여우는 전보다 더 빠르게 달렸다. 언덕길을 반 이상 오르자, 여우는 다시 두꺼비가 얼마나 따라왔는지 확인해보기로 했다.

"두껍아!"

"꽥꽥!"

그런데 샘물 근처에서 두꺼비 우는 소리가 들렸다. 모여 있던 동물들은 '와!' 하고 탄성을 지르면서 감탄해 마지않았다. 자존심이 상한 여우는 다시 있는 힘을 다해 달렸다. 속이 울렁거리기 시작했다. 그리고 두꺼비의 대답 소리가 들렸던 샘물 근처에 도착하자 다섯번째로 그를 불러보았다.

"두우꺼업아!"

"꽥꽥!"

두꺼비는 이미 종착점에 도착해 있었다.

여우는 버릇 없는 두꺼비를 잡아 혼을 내주려고 있는 힘을 다해 달렸다. 하지만 심장이 견디지 못해 이내 거품을 물고 쓰러졌다. 여우는 다시 비틀거리며 뛰었다. 그러나 마침내 혓바닥을 밖으로 내놓은 채 넘어졌고, 코로는 피가 흘러나왔다. 계곡 비탈에 있던 모든 두꺼비들이 꽥꽥거리며 울었다.

그런데 두꺼비가 어떻게 여우를 이겼을까?

전날 밤 두꺼비는 다른 두꺼비들을 불러모아 여우와 시합을 벌이기로 했다는 소식을 전해주었다. 그리고 그들은 비밀리에 계획을 세웠다. 그런 다음 계곡의 주요 지점에 하나씩 서 있기로 했다. 자기 종족의 명예가 걸린 싸움이었기 때문이다.

잠자던 두꺼비가 대답했던 세번째를 제외하고, 모든 것이 계획한 대로 완벽하게 이루어졌다. 지혜를 모으고 단합하면 이렇게 불가능해 보이는 시합까지도 이기는 법이다.

# 시간 속의 기억

 아무도 시간이란 개념에 얽매이지 않은 채, 존재한다는 사실만으로도 충분했던 옛날이었다.
 오랫동안 수많은 나무와 과실들을 여물게 한 후, 대지는 처음으로 출산의 고통을 경험했다. 대지는 항상 염원해오던 커다란 사건 앞에 감격에 젖어 몸을 떨었다. 태양은 환하게 빛을 비추었고, 수줍은 별들은 눈을 깜빡거리며 무한한 기쁨과 호기심으로 대지를 바라보았다. 마침내 대지의 비옥한 배에서 인간이 태어났다.
 인간은 태어날 때부터 이 땅을 '어머니 대지'라고 불렀다. 그리고 자기가 태어나고 자란 것을 지켜본 태양을 보고 '아버지 태양'이라고 불렀다. 달을 보고는 '어머니 달'이라고 불렀다. 인간은 달이 대지의 여동생임을 잘 알고 있었다. 노래를 부르듯이 은은한 시선을 지닌 별에게는 '자매

별'이라고 이름붙였다. 사람은 동물들을 형제처럼 생각했고, 따라서 자기를 '피조물의 왕'이라고 부르지 않았다. 비록 계급 사회에 익숙해져 아부에 능했던 몇몇 동물들이 그렇게 하라고 속삭였지만, 인간은 똑똑하고 고상한 성품이었기에 이런 비열한 유혹에 빠지지 않았다. 그리고 동물들에게 가졌던 애정과 마찬가지로 식물들도 자매처럼 여겼다.

콘도르와 뱀과 퓨마, 새와 물고기, 코카와 담배 역시 그의 형제들이었다. 하나의 예외도 없이 모두 형제들이었다. 심지어 인간은 동물과 식물들을 보고 그들의 위대한 성품을 발견하기도 했다. 그래서 사원을 세워 그들을 기리며 우러러보았다. 콘도르는 하늘 높이 날아 인간이 다다를 수 없는 높은 산봉우리에도 이를 수 있었기에 존경의 대상이 되었다. 뱀은 날개가 없이도 공중에서 회전하는 새를 잡아먹을 수 있는 능력이 있었으며 퓨마는 강한 힘과 용기로 부러움을 샀다. 물고기는 호수의 신비스런 밑바닥까지도 모두 다 알고 있는 유일한 존재였으며, 코카는 미래를 예측하는 신비한 힘을 지니고 있었다. 모든 동물과 식물은 인간의 형제였으며, 그들이 나쁘다고 생각하는 것은 하나도 없었다. 정말로 하나도 없었다. 인간은 단지 인간에 불과할 뿐이었다.

시간이 흐르자 이곳에는 그들과 다른 사람들이 도착했다. 이방인들은 뱀은 사악하며, 돼지는 더럽고, 까마귀는 재수 없으며, 고양이와 제라늄은 악마적 속성을 지니고 있다고 말해주었다. 그리고 어린 양은 성스럽고, 비둘기는 착하다는 말도 해주었다. 태초부터 이곳에 살고 있던 사람들은 입을 다물고 묵묵히 이방인의 말을 들었다. 그러면서 왜 이토록 이상한 구분을 할까 생각했다.

이방인들은 옛날에 대지가 물로 뒤덮여 파괴되었던 적이 있었지만, 다행히 한 사람이 그의 가족과 함께 목숨을 건졌다는 이야기도 해주었다. 그러나 원주민은 아무 말 없이 이방인의 이야기를 들으면서, 부모가 가르쳐준 것을 떠올렸다. 부모들은 창공에 두 개의 태양이 나타나 대지가 파괴되었고, 단지 안데스 산지 아래로 끝없는 동굴을 팔 수 있었던 사람들만이 살아남았다고 말해주었다.

스페인 군인이 한 원주민 처녀를 납치하고 있는 모습. 이것은 결국 원주민 반란의 씨앗이 된다.

여전히 시간은 흘러갔다. 그러나 이제 시간은 정확하게 측정되었다. 원주민들은 배고픔을 느꼈고, 매일 몇몇 사람들이 목숨을 잃었다. 외지인들은 경계선을 설정하여 어머니 대지의 주인이 되었고, 자신의 조상들이 오랜 시간과 수많은 땀을 흘려 이루었던 작업을 단숨에 파괴해버렸다. 원주민들은 대지의 자식들이 모두 그들의 형제가 아니라는 사실을 깨달았다. 그들은 증오하는 마음을 배웠고, 마침내 화산처럼 언제 터질지 모르는 존재로 변했다. 증오는 이렇게 원주민의 마음속에 자리를 잡았다.

오랜 세월이 지난 후, 어떤 원주민이 이 도시를 방문하게 되었다. 그는 전쟁의 영웅들을 기리는 커다란 기념비와 전쟁이나 정복이나 재정복, 혹은 의정서나 협정서와 같은 엄청난 제목을 지닌 역사책을 보고 깜짝 놀랐다. 그것은 죽음과 파괴로 점철되어 있었다. 인간의 모든 역사는 "Si vis pacem para bellum(평화를 원하면 전쟁을 준비하라)"이라는 내용으로 씌어져 있었던 것이다.

그는 실망한 나머지 시끄럽고 호전적인 도시를 급히 빠져나왔다.

"도대체 왜 그러는 거지!"

그는 있는 힘을 다해 소리쳤다.

"왜 그러는 거지!"

그러자 대지에는 인간을 나무라는 듯한 메아리가 울려퍼졌다. 아무도 그에게 대답을 해줄 수 없었다. 그건 모든 사람들도 역시 "왜 그러는 거지!"라고 똑같은 질문을 던지고 있었기 때문이었다.

# 개똥지빠귀의 사랑

 나무가 단단하고 잎이 무성하기로 이름난 키수르 나뭇가지 꼭대기에 개똥지빠귀 한 마리가 아름다운 사랑의 시를 읊고 있었다. 근사한 옷을 걸치고 화장을 하여 잔뜩 멋을 부린 차림새였다. 오늘은 아주 특별한 날이었다. 판초와 재킷과 바지는 짙은 밤색이었고, 노란 장화는 빛나는 부리와 멋진 조화를 이루었다. 그가 사랑하는 암컷 개똥지빠귀는 옅은 밤색 옷을 입고 다른 키수르 나무 위에 앉아 있었다. 그녀는 사랑하는 개똥지빠귀를 곁눈질로 흘끗흘끗 쳐다보며 애교란 모든 암컷이 지닌 최고의 미덕임을 보여주었다. 그리고 좌우로 반바퀴씩 돌면서 아름답고 매력적인 자태를 뽐내었다. 그녀는 근사한 애인을 지닌 것을 자랑스럽게 생각하고 있었다.
 안데스 산지에 사는 악사들의 왕이라고 일컬어지던 개똥지빠귀는 목청을 높여 노래를 부르며 감격에 젖어 떨면서도 경쾌하게 춤을 추었다. 그는 두 다리 위로 날개와 꼬리를 펼쳐 부채를 만들면서, 사랑하는 여인의 속삭임에 대답하였다. 개똥지빠귀는 너무도 행복한 나머지 아무것도 눈에 들어오지 않았다. 그녀는 그에게 인생의 전부이자 세상의 모든 것이었다.

 기쁨을 억제할 수 없었던 암컷 개똥지빠귀는 커다란 원을 그리며 자기의 요염함을 보여주기 위해 날개를 펼치며 있는 힘을 다해 높이 날아올랐다. 아마도 태양 가까이 다가가면 자신의 자태가 더욱 빛날 것이라고 생각하는 것 같았다. 아니면 자기가 행복하다는 것을 모두에게 말해주려는 것인지도 몰랐다. 수컷 개똥지빠귀는 고개를 들고 두근거리는 가슴으로 사랑하는 암컷 개똥지빠귀의 우아하고 아름다운 자태를 놀란 듯이 바라보았다.

 "당신은 정말 아름다워!"

 그는 깊은 숨을 내쉬며 감탄사를 연발했다.

 키수르 나무 아래에 숨어 있던 할아버지와 아이는 숨소리를 죽인 채 개똥지빠귀의 사랑의 의식을 놀란 표정으로 바라보았다. 그러나 그 다음의 장면은 너무 처절했다.

 암컷 개똥지빠귀는 태양을 향해 높이 날아가고 있었다. 그런데 그때 갑자기 하늘 위로 사나운 새가 나타나더니 순식간에 암컷 개똥지빠귀를 낚아채어 아래로 끌고 왔다. 그것을 본 수컷 개똥지빠귀는 암컷 개똥지빠귀를 구하기 위해 하늘로 날아올랐다. 그러나 아무 소용이 없었다. 사나운 새는 암컷 개똥지빠귀를 붙잡아 목을 조른 다음 강하고 날카로운 발톱으로 갈기갈기 찢기 시작했던 것이다. 수컷 개똥지빠귀는 고통과 절망에 젖어 비명을 질렀다. 그러나 그것은 동시에 사나운 새에게 도전하겠다는 소리이기도 했다. 하지만 새는 바위산 계곡으로 유유히 사라졌다. 암컷 개똥지빠귀는 '치, 치, 치이이'라고 신음하면서, 연약한 다리를 부르르 떨었다.

어린아이는 방금 본 장면에 너무나 충격을 받았다.
"할아버지, 왜 이런 일이 일어나는 거죠? 왜 암컷 개똥지빠귀는 자기가 위험하다는 사실을 알지 못했나요?"
"사랑에 빠진 연인들은 모두 눈이 멀게 되는 법이란다. 사랑은 덧없는 것이고 기쁨은 짧은 꿈에 불과하단다. 불쌍한 개똥지빠귀 같으니! 아마 지금쯤 슬픔에 젖어 울고 있을 거야. 아니면 반반한 돌 위에 기절해 있을지도 모르지. 마치 새끼를 사나운 새에 잡혀 먹힌 후 슬픔을 이기지 못해 반반한 돌을 찾아 기절할 때까지 우는 비둘기처럼 말이야."

할아버지 역시 개똥지빠귀 연인들의 불행에 슬퍼하는 모습이었다. 하지만 아직도 무슨 일인지 이해하지 못하는 어린 손자의 손을 꼭 잡고 부드럽고 간결한 말로 설명을 해주었다.
"우리 인생에서 기쁨과 고통은 뗄래야 뗄 수 없는 형제들이란다. 사랑과 죽음은 마치 낮과 밤 같은 거야. 환한 낮이 가면 밤이 오는 것처럼 말이야. 사랑이 오래 지속되고 단순한 환상으로 남지 않게 하기 위해서는, 비옥한 어머니 대지가 비를 맞아 태양의 아들들을 낳아야 한단다. 그러면 그들은 무지갯빛의 새총으로 행복을 파괴하는 모든 사나운 짐승들을 사냥한단다. 그런 날이 오면 개똥지빠귀를 비롯한 모든 생물들은 사랑과 행복을 한껏 누리고 살게 되는 것이지. 그러나 그 시간이 되기까지 우리 모두는 사나운 짐승과 같은 새들을 조심하며 살아가야 한단다.

# 파파쿠루

어느 청년이 아주 아름답지만 인색하기 짝이 없던 여자를 미친 듯이 사랑하게 되었다. 모든 마을 사람들이 서로를 잘 알고 있던 조그만 마을이었기에, 그의 어머니는 결혼에 반대했다. 그러나 아들의 굳은 결심 앞에서는 어찌할 도리가 없었다. 결국 그녀를 며느리로 맞아들이게 되었다.

젊은 부부는 분가를 해서 다른 집에서 살기를 원했다. 이것은 충분히 이해할 수 있는 생각이었다. 어쨌든 결혼하면 다른 가정을 이루어야 하는 법이니까. 그래서 그들은 자기들만의 가정과 가축과 밭을 갖게 되었다.

며느리는 자기 시어머니에 관해 아무것도 알고 싶어하지 않았다. 그녀는 시어머니가 결혼에 반대했다는 사실을 잊지 않고 있었던 것이다. 또한 그녀는 시어머니가 남편에게 자기에 관해 부정적인 생각을 주입시킬 수도 있다는 사실을 두려워했다. 그래서 그녀는 모든 방법을 동원해 시어머니를 만나려고 하지 않았다.

　마을 위로 펼쳐진 산기슭에 있는 커다란 밭에서 감자를 수확하는 날이었다. 남편은 행복한 모습을 지으며, 많은 일꾼들과 함께 밭에서 일을 하고 있었다. 모든 마을 사람들은 이 감자밭에서 커다랗고 먹음직스런 감자가 많은 날 것이라고 믿고 있었다.

감자를 심는 케추아족의 모습.

　며느리는 몇 번이나 마을 아래를 바라보고 있었다. 마침내 점심 무렵이 되자 시어머니가 구불구불한 길을 따라 그곳으로 올라오고 있는 모습이 보였다. 그 순간 그녀는 시어머니를 따돌릴 계획을 세웠다.

　"저기 구불구불한 길을 따라 당신 어머니가 올라오고 있어요. 분명히 우리가 수확할 감자를 달라고 하기 위해 오는 걸 거예요."

　"……"

　"그러니 당신이 숨어서 모습을 드러내지 않는 게 좋을 것 같아요. 당신은 숨어서 어머니가 뭐라고 하는지 지켜보세요. 사람들 앞에서 소란이나 피우지 않았으면 좋겠네요. 당신도 알다시피, 당신 어머니는 무슨 일을 저지를지 모르는 사람이잖아요."

　아내는 이렇게 소심한 남편을 몰아세웠다.

"사람이 이렇게 많은데 날 보고 어디에 숨으라는 얘기야?"

남편은 그날도 예외 없이 아내의 말에 속아넘어갔다.

"그런 건 걱정하지 마세요. 감자 줄기로 덮어줄 테니까요. 저곳이 좋겠네요. 사람들이 감자를 캐느라고 정신없을 테니까 아무도 당신이 그곳에 숨어 있는지 눈치채지 못할 거예요. 내가 가서 어머니를 맞이할 테니, 전혀 들킬 염려는 없을 거예요."

남편은 감자가 수북이 쌓인 곳으로 갔고, 아내는 아무도 눈치채지 못하게 감자 줄기로 그를 덮어주었다. 그런 다음 태연하게 감자밭 입구로 갔다. 얼마 안 되어 시어머니가 도착했다.

"어머니, 남편을 만나러 오셨죠? 그런데 지금 여기 없어요. 전하실 말이 있으시면, 제게 말씀하세요."

며느리는 시어머니가 밭으로 들어오지 못하게 두 팔로 막으며 차갑게 말했다.

"많은 감자를 수확해서 축하한다고 말하기 위해서 왔단다. 내가 이곳을 지날 때마다, 이 아름다운 감자밭을 보면서 얼마나 기뻤는지 모른단다."

"말씀만 들어도 고마워요, 어머니. 우리가 열심히 일한 덕택에 아주 많은 감자를 거두어들일 수 있을 것 같아요."

"그래, 분명히 그럴 거야. 오늘 아침 우리 아들이 일꾼들과 함께 감자를 수확하기 위해 이곳으로 오는 것을 보았단다. 그래서 매운 고추 감자와 그애가 좋아하는 튀김 요리를 가져왔단다. 이걸 주려고 온 거란다."

시어머니는 보자기에 둘둘 말은 커다란 꾸러미를 꺼내 며느리에게 건네주었다. 그녀는 슬프고 섭섭한 마음을 감추려고 애를 썼다. 집에서 나오기 전에 아들이 밭에서 일하고 있는 모습을 보았던 것이다. 며느리에게 우는 모습을 보이지 않기 위해 뒤로 돌아 발걸음을 재촉하던 그녀는 아들의 비옥한 밭에 눈물을 떨어뜨리지 않으려고 애를 썼다. 그래야만 아들이 계속해서 많은 감자를 수확할 것이라고 생각했던 것이다.

시어머니가 밭에서 멀어지자, 며느리는 남편이 있는 곳으로 달려갔다. 그러나 감자 줄기를 들추어내던 그녀는 끔찍한 비명을 지르고 말았다. 밭에 있던 모든 사람들이 달려왔다.

"맙소사!"

남편은 셀 수 없이 많은 벌레로 뒤덮여 있었다.

"아, 안 돼요! 어머니, 저를 용서해주세요. 제가 잘못했어요, 저를 용서해주세요……"

그러나 남편은 더 이상 말을 할 수가 없었다. 벌레들이 그의 입으로 파고들어 그를 질식시켜버렸던 것이다.

사람들은 몸서리를 치며 이 장면을 지켜보고 있었다. 그녀가 시어머니를 어떻게 다루었는지 보았던 몇몇 사람들은 구더기로 가득 찬 남자의 몸에 흙을 던져 묻어버리려고 했다. 남편은 그 순간 몸을 떨면서 마지막 숨을 몰아쉬었다.

"빌어먹을 노랭이 같으니! 당신들이 죄를 지어서 파차카막이 이런 형벌을 내린 것이오! 빌어먹을 여편네 같으니! 못된 며느리 같으니! 이 빌어먹을 감자를 혼자 실컷 거두어들이시오! 그리고 당신 남편처럼 썩어문드러지시오! 난 더 이상 여기에 있을 수 없소!"

일꾼 한 명이 이렇게 말하면서 감자밭을 떠나자, 다른 사람들도 일을 멈추고 여자에게 저주를 퍼부으면서 떠나버렸다.

어머니에게 인색했던 아들은 형형색색의 구더기로 변했다. 몇몇 구더기들은 감자 잎사귀를 먹어치우는 흰 나방으로 변하기도 했다. 이 나방들의 말을 유심히 들어보면, 그들이 어머니에게 용서를 빌고 있음을 알 수 있다. 그리고 땅 밑에 묻힌 구더기들은 감자를 마구 먹어치우는 벌레가 되었다.

인색한 아들과 며느리 때문에 이렇게 감자를 해치는 벌레들이 나타나게 되었던 것이다.

# 감자·옥수수·콩

 며칠 전에 약속했던 대로, 우리는 새벽 다섯시에 미유스를 향해 떠났다. 하지만 계단으로 된 오르막길을 올라가다가 너무 숨이 찬 나머지, 우츠쿠루미(구멍 뚫린 바위)에 도착해 잠시 휴식을 취했다. 우츠쿠루미는 돌을 다듬던 세공사들이 작업을 중단하자 많은 구멍이 생기며 금이 가기 시작하는 이상한 바위였다. 그러나 왜 작업을 중단했는지 아는 사람은 아무도 없었다. 우리는 잠시 숨을 돌린 후, 꾸불꾸불한 언덕으로 천천히 발길을 옮겼다.
 "할아버지, 길가에 감자가 하나 떨어져 있어요."
 "그럼 줍도록 해라. 어머니 감자를 존경한다면 이런 일은 절대로 일어나지 않는 법이란다. 사람들이 감자를 소홀히 여긴 모양이구나."
 땅에 떨어져 지나가던 사람들의 발길에 차여 상처를 입은 푸른 감자를 손에 든 우리는 계속해서 길을 갔다. 이내 우리 부락의 집들이 보이기 시작했다. 그러자 할아버지는 손에 들고 있던 감자를 사랑스런 눈길로 바라보면서, 감자에 얽힌 이야기를 풀어놓기 시작했다.

"옛날에 네가 손에 쥔 감자처럼 오랫동안 길가에 버려져 있던 감자가 옥수수와 콩을 만나게 되었단다. 그들 역시 버려진 채 사람들의 발길에 이리저리 차여 뒹굴고 있었어.
 '사람들은 배고플 때에만 우리를 소중히 여기며 사랑하는 척해. 정말 배은망덕한 존재들이야.'
 감자가 이렇게 불평을 했어. 그러자 옥수수가 말했단다.
 '그래, 맞아. 나도 갑자기 배낭에서 떨어졌어. 그런데 내가 떨어진 줄 알면서도 그 사람은 가던 길을 멈추지 않았어. 나를 찾아서 배낭으로 다시 넣으려는 생각은 추호도 없었던 거야. 나는 돌 위에 떨어지는 바람에 퉁겨나가 이렇게 조그만 돌 틈에 끼여 눈에 띄지 않게 되었어. 그래서 지금 내 보호벽처럼 사용하는 이 조그만 돌들 틈새에 끼여 있게 된 거란다. 감자야, 나는 네가 어떤 여자의 망토 위에 달려 있다가, 그 여자가 조심성 없게 걷는 바람에 땅으로 떨어지는 것을 보았어. 또 나는 어린아이의 주머니에 있던 콩이 떨어지는 장면도 직접 보았어.'
 잠자코 이야기를 듣고 있던 콩도 자기가 땅에 떨어진 경위를 이야기했단다.
 '그래. 청년은 나를 카드처럼 주머니에 넣고 다니면서 즐겁게 갖고 놀곤

했어. 그런데 갑자기 소가 산 위로 도망을 쳤어. 청년은 돌을 던지려고 갑자기 주머니에서 손을 뺐고, 그 바람에 나는 땅으로 떨어졌던 거야.'

'만일 배가 고팠다면, 우리를 이렇게 내버려두지는 않았을 거야. 기쁜 마음으로 우리를 주워 열심히 쓰다듬어 흙을 떨어냈을 거야.'

감자는 몹시 섭섭하다는 표정을 지으며 말했지.

'만일 우리가 돈이었다면, 온갖 정성으로 소중하게 보살폈을 거야. 사람들은 돈이라면 죽고 못 사는 존재들이거든. 하지만 그들은 이것이 바로 증오와 질투의 원인이며, 심지어는 그들의 목숨까지도 앗아갈 수 있다는 사실을 모르고 있어.'

옥수수는 사람들을 책망하였다.

'나도 너희들과 같은 의견이야. 하지만 우리를 버린 사람들은 자기들 멋대로 살게 내버려두자. 지금 중요한 것은 우리가 여기를 떠나서 결국 그들이 먹는 게 뭔지 가르쳐주는 것이야. 사람들에게 좋은 교훈이 될 거야.'

콩은 이렇게 제안을 했단다.

감자와 옥수수와 콩은 신세 한탄을 그만두고 그들이 한 번도 가본 적이 없는 곳으로 여행을 떠났지. 사람들이 경작하는 밭에서 멀어지자, 처음에는 자유의 몸이 되었다는 생각에 즐거운 마음이었단다. 그러나 얼마 지나지 않아 음식을 찾아다니는 여우와 새와 다른 배고픈 동물들을 보게 되었지. 놀란 그들은 눈에 띄지 않도록 갈라진 돌 틈에 몸을 숨긴 채 온종일을 보냈단다. 밤이 되자 다시 길을 떠난 그들은 배고픈 동물들이 자신들의 냄새를 맡지 않도록 조심을 했지. 밤에만 돌아다니는 부랑아들처럼 그들은 며칠 동안 밤을 틈타 여행했던 거야. 그런데 그때 감자가 동물들에게 먹힐까봐 두렵다고 털어놓았어.

'이봐, 친구들. 내가 한 가지 제안을 할게. 우리가 왔던 땅으로 되돌아가는 게 어때? 갈수록 점점 위험해질 뿐만 아니라, 지금 우리가 어디를 향해 가고 있는지도 모르잖아?'

'나도 똑같은 생각을 하고 있었어.'

옥수수가 이렇게 말했어. 그러자 콩도 가세했지.

'나 역시 너희들과 함께 돌아갈래.'

세 여행자는 이미 왔던 길을 되돌아가기로 의견의 일치를 보았어. 그러나 비가 오던 칠흑같이 어두운 어느 날 밤에 길을 잘못 들어 진탕으로 변해버린 땅을 지나가게 되었지. 그러자 더 이상 앞으로 나아갈 수가 없었던 그들은 땅속에 몸을 숨겨 잠을 자고 가기로 결정했어. 다음날도 비가 내렸지. 감자는 자기 몸이 너무나 무거워졌음을 알고서, 자기가 있는 곳에 그냥 머무르고 싶었어.

'이봐 친구들, 미안해. 내 몸이 너무도 무거워 제대로 움직일 수가 없어. 그냥 여기에 있을게. 게다가 이곳 흙냄새도 마음에 들고.'

그러자 옥수수가 끼여들었어.

'나 역시도 발이 젖은 흙 속에 빠져 꼼짝도 할 수가 없어. 또 계속해서 여행을 하고 싶은 생각도 없고. 그리고 감자처럼 이곳 공기도 마음에 들어.'

'너희들이 이곳에 있고 싶다면, 나도 여기에 머물겠어.'

돌아가자고 제안했던 것에 죄책감을 느끼던 콩은 이렇게 말했지.

그런데 사흘이 지나자, 콩이 깜짝 놀란 듯이 말했어.

'내 다리도 이미 이 흙 속에 자리를 잡았어.'

닷새가 지나자 세 여행자는 이미 몸에 자그마한 푸른 잎사귀를 달고 있었지. 그들은 너무 기쁜 나머지 서로를 바라보았어. 그때 씨앗 주머니를 든 청년이 그곳에 도착했어. 그는 콩과 옥수수와 감자를 보자, 비가 내리던 지난 닷새 동안 계속해서 꾸었던 꿈을 떠올렸어. 아무것도 없던 처녀지에 식물과 꽃이 자라고, 이내 새와 나비가 모여드는 꿈을 꾸었거든. 그는 꿈이 사실대로 이루어지자 기쁨을 감추지 못했어.

'오, 사랑스런 식물들이여! 그대들은 하늘과 땅의 축복을 받을 것이니라!'

그는 이렇게 말하면서 콩과 옥수수와 감자에게 다가와 일일이 사랑스럽게 쓰다듬어주었어.

'내가 너희들을 보살필게. 이제 너희들은 남부럽지 않게 자라날 수 있을 거야.'

결혼한 지 얼마 안 된 청년은 아내와 함께 땅을 일구며 새로운 경작지로 만들어갈 꿈에 부풀었단다. 그는 기쁜 마음으로 자리에 주저앉아 감자와 콩과 옥수수를 자세히 들여다보았지.

'청년이시여, 나를 흙으로 덮어주세요. 그럼 그 흙으로 많은 감자를 수확하게 해줄게요.'

감자가 솔직하게 자기가 원하는 바를 청년에게 이야기했어.

'청년이시여, 내 발에 흙을 뿌려주세요. 그러면 크고 튼튼하게 자라날게요. 그리고 당신에게 훌륭한 옥수수를 드릴게요.'

'청년이시여, 긴 막대기를 찾아 내가 지탱할 수 있게 해주세요. 그럼 당신이 갖고 놀 수도 있을 만큼의 많은 콩을 거두게 해드릴게요.'

이렇게 말하는 콩도 매우 행복한 표정이었어.

청년은 감자와 옥수수와 콩의 부탁대로 해주었어. 그러자 그의 집에는 감자와 옥수수와 콩이 떨어질 날이 없었지. 청년은 이 씨앗들을 자식들에게 물려주었고, 그들 역시 사랑과 정성으로 그 씨앗을 심고 보살폈단다."

# 사람은 모든 것을 할 수 있다

부지런한 개미가 나무를 잘라 작은 조각으로 만들어서 지하에 있는 자기 집으로 싣고 가고 있었다. 농부는 마체테와 밧줄을 한쪽으로 놓아둔 채, 개미의 움직임을 하나도 빠짐없이 지켜보았다. 그는 너무도 신기해, 개미와 이야기를 나누고 싶었다.

"개미야, 안녕."

개미는 대답하지 않았다. 너무 바빠서 그랬을 수도 있고, 아니면 그의 말을 듣지 못했는지도 몰랐다.

"안녕! 개미야."

그는 허리를 더욱 숙이며 보다 다정한 말투로 다시 인사를 했다.

"아안…… 니엉…… 하세요."

자기 몸보다 훨씬 큰 나무 조각을 끌고 있던 개미는 잠시 발을 멈추고 수줍게 대답했다. 그는 사람이 자기의 존재를 깨닫고 너무나 다정하게 인사를 건네자 깜짝 놀랐다.

"이렇게 무거운 것을 어디로 가져가는 거야?"

"우리 마을로 가져가요."

개미는 떨리는 마음을 진정시키려 애를 쓰고 있었다.

"양식을 비축해야 할 계절이거든요."

"그런데 누구의 명령을 받았기에 이렇게 열심히 일하니?"

"우리 마을에는 우리가 지켜야 할 엄한 규칙이 있답니다."

어느 정도 안정이 되자, 개미는 자기 마을에 대해 이야기했다.

"우리 모두는 대장들에게 복종해야 합니다. 대장들은 그들보다 더 높은 대장의 말에 복종하지요. 그리고 이 대장들은 가장 힘센 권력자의 말에 복종합니다. 그런데 당신도 대장들의 명령을 받나요?"

개미는 처음에 보였던 수줍음을 완전히 떨쳐버렸다.

"그래, 그렇다고 볼 수 있지."

농부는 별로 내키지 않는다는 듯이 대답하고는 골치 아픈 문제에서 빠져나오기 위해 이렇게 말했다.

"너는 대장들에게 착취당하고 있어."

"착취당한다는 말이 무슨 뜻이죠?"

농부는 농장의 집을 물끄러미 바라보면서, 잠시 생각에 잠겼.

"네가 열심히 일하고 더 많은 것을 만들수록, 대장들은 더욱 힘이 세어지는 거야. 반면에 너는 날이 갈수록 힘을 잃고 쇠약해지지. 아무도 힘들게 일하며 노력하는 너를 알아주지 않아. 이렇게 시간이 흐를수록 너는 네 대장들에게 더욱 종속되는 거야."

농부는 자기의 이론을 뽐내며 말을 맺었다.

"음……"

개미는 그의 말을 이해했다는 듯이 천천히 고개를 끄덕였다. 마치 땅 밑에서 새로운 빛으로 이끄는 오솔길을 발견한 듯한 표정이었다.

개미가 말했다.

이 그림에는 "법에 복종해야 한다"라고 씌어져 있다. 물론 이 법은 스페인 사람들의 법이며, 이 법을 지켜야만 하는 사람들은 원주민이다.

"나는 한번도 내가 착취당하고 있다는 생각을 해본 적이 없어요. 하지만 이제 깨달았어요. 그래요, 나는 착취당하고 있어요."

이 말을 들은 농부는 감격에 복받쳐 펄쩍 뛸 뻔했다. 그러나 그럴 수는 없었다. 만일 그렇게 했다면, 허리에 두 손을 올려놓고 그를 주의 깊게 바라보고 있던 개미가 깜짝 놀랐을 것이기 때문이다. 개미는 사람이 준 갑작스런 빛으로 인해 더 많은 사실들을 발견하기 시작하였다. 마침내 개미는 침묵을 깨고 말했다.

"나는 착취당하지만, 먹을 것이 모자라지는 않아요. 반면에 당신은 착취당하면서, 모든 것에 불평과 불만만 토로하지요."

개미와 농부는 잠자코 서로를 바라보았다. 아마도 동일한 운명에 체념한 것인지, 아니면 둘의 공통적인 문제에 관해 보다 나은 설명을 찾고 있는 것인지는 알 수 없었다. 그때 수풀 뒤에서 되새김질을 하면서 그들의 대화를 엿듣고 있던 소가 끼여들었다. 소는 굵은 목소리로 느리고도 무뚝뚝하게 자기를 소개했다.

"당신들 대화에 끼여들어 죄송합니다. 제가 여기에서 쉬는 동안 당신들이 말하는 내용을 모두 듣게 되었습니다. 저 역시 착취당하고 수탈당하는 동물입니다. 그러나 저는 만족합니다. 우리 주인은 착하고, 항상 풍족하게 먹이를 주거든요."

"배가 부른 것으로만 만족해?"

농부는 재빠르게 먼저 선수를 치며 말했다.

"그럼 너는 영원히 주인에게 얽매여 있게 될 것이고, 그의 명령에 순응하며 살다가 죽게 될 거야."

"좋아요, 그럼 누가 어떻게 이런 현실을 바꿀 수 있는지 말해주세요."

소는 말을 빙빙 돌리지 않았다. 그는 이미 여러 번 일꾼들이 이런 문제에 관해 토론하는 것을 들어왔었다. 농장 주인이 몇 시간 동안 자리를 비우면 일꾼들은 항상 이 문제를 언급했지만, 아무도 이 세상을 어떻게 바꿔야 하는지는 말하지 않았다. 농부와 개미가 아무런 대답도 하지 못할 것을 확신한 소는 거만한 표정으로 그들을 바라보았다.

농부가 아무런 대답도 못 하는 것을 보자 개미는 실망했다.

"난 아무것도……"

개미는 체념한 듯 슬픈 목소리로 현실을 받아들였다.

"나도 마찬가지야."

소는 거만한 현자처럼 커다랗고 차가운 두 눈으로 고개를 숙인 채 잠자코 있는 농부를 바라보았다. 농부는 어머니 대지의 검고 축축한 얼굴에서 해답을 찾는 듯한 표정이었다.

소와 개미는 농부도 똑같은 대답을 할 것이라고 생각했다. 그러나 농부는 고개를 들더니 두 주먹을 불끈 쥐고 큰 소리로 외쳤다.

"인간은 현실을 바꿀 수 있다!"

이 외침은 들판의 적막을 깼으며, 메아리가 되어 산과 산을 건너 멀리까지 퍼졌다. 그러자 나이와 종족과 인종을 초월해 수백만 명의 농민들이 농장주의 집도다 더 크고 아름다운 집을 짓기 시작했다. 대지는 수많은 고랑이 파인 비옥한 밭이 되었고, 헐벗은 산에는 푸른 숲이 우거졌으며, 강물은 맑은 목소리로 노래를 불렀고, 형형색색의 새들이 무리를 지어 푸르고 깨끗한 하늘을 날아다니며 다양한 소리로 기쁨을 노래했다.

개미는 땅 밑 세상의 개미들에게 윗세상에서 벌어지고 있는 기적을 이야기했다. 그렇지만 소는 침묵으로 일관했다.

# 아기 마누엘리토

 히슈, 혹은 헤슈 또는 예수라는 이름은 안데스 산지에서 아기 마누엘리토라는 이름으로 널리 알려져 있다. 그는 타이타쿠라(카톨릭 사제를 일컬음: 옮긴이)들이 말하듯 예루살렘에서만 태어난 것이 아니라, 안데스 산지에서도 태어났다. 그의 어머니는 파차마마였고, 아버지는 인티야야였다. 파차마마는 카톨릭 사제들이 성모 마리아라고 부르는 여인의 모습을 취하셨고, 인티야야는 요셉이라고 불리는 남자의 모습을 취하셨다. 그는 단 한 번 태어나신 것이 아니라, 여러 시대와 장소에 걸쳐 여러 번 태어나셨다. 그리고 그가 태어날 때마다 우리를 위하여 죽으셨다. 그는 언덕에서 십자가에 못박히기도 하셨으며, 목이 잘려 숨지기도 하셨고, 어떤 때는 광장 한복판에서 능지처참을 당하기도 하셨으며, 죄가 없으심에도 불구하고 산 채로 화형을 당하기도 하셨다. 또한 온몸에 총탄을 맞아 죽기도 하셨으며, 말뚝에 박혀 숨지기도 하셨고, 고문을 당하시다가 더러운 물항아리 속에 질식하여 죽기도 하셨으며, 분노한 사람들에게 갈기갈기 찢겨 세상을 떠나기도 하셨다. 사람들은 그의 시체를 노천에 던져놓기도 했으며, 더 이상 부활할 수 없도록 시멘트 길이나 아스팔트 길 아래에 묻어놓기도 했고, 호수나 바다 한가운데 깊이 수장시키기도 했다. 그러나 그는 죽을 때마다 부활하셨다. 그것은 그분의 적들이 한번도 성령을 체포하거나 죽일 수 없었기 때문이다. 바로 여기에 그토록 많이 죽으셨지만 부활하신 이유가 숨겨져 있다.

그러나 그는 황량한 들판에서 태어나실 때만 제외하고 대부분 마구간에서 태어나셨으며, 항상 많은 동물들이 주위를 에워싸고 있었다. 가난한 아이의 고통스런 출생을 불쌍히 여긴 마구간의 모든 동물들은 정중하게 달려와 경의를 표하면서 아이와 그의 부모를 도와주었다. 이런 이유로 모든 동물들은 영원히 기억되었으며, 심지어 운명조차도 바뀌었다.

## 소

예의바르기로 소문난 소는 천천히 다가갔다. 방금 태어난 아기는 피투성이가 되어 담요에 싸여 있었다. 소는 초점 없는 눈으로 아기를 바라보았다. 그 순간 연민의 정을 느낀 소는 무릎을 꿇고 아이를 깨끗이 핥아주었다. 그러나 까칠한 혀가 연약한 아이의 몸에 닿자, 아이는 비명을 지르며 허공 속으로 발길질을 해댔다. 소는 바로 그 발길질에 코를 맞았다. 그래서 영원히 납작코가 되었다.

그러나 요셉은 소의 애정과 동정에 축복을 내렸다.

"너는 인간들의 영양을 위한 원천이 될 것이며, 인간들의 사랑을 받을 것이다."

그 순간부터 인간은 소의 뿔과 가죽과 다리와 털을 비롯해 심지어는 그의 배설물까지도 이용하게 되었다.

기니피그

현재 전해져 내려오는 케추아의 신화와 전설 속에는 카톨릭적 요소들이 많이 혼합되어져 있다.

기니피그 한 마리가 다른 동물들의 다리 사이로 비집고 들어와 아기 옆에 웅크리고 앉아 부드러운 털로 아기를 감싸주었다. 그리고 부드러운 혀로 피범벅이 된 아기 몸을 핥아주었다. 기니피그는 정말로 경험 많은 산모처럼 행동했다. 그래서 아기의 어머니는 진심으로 감사를 표하며 이렇게 말했다.

"이 순간부터 너는 먹을 것을 찾아 헤매지 않아도 될 것이다. 사람들은 집안에서 너를 보살필 것이며 너는 집 안의 여왕이 될 것이다. 아픈 사람의 몸을 훑으면 모든 병이 없어질 것이며, 건강한 사람의 몸을 훑으면, 그는 더욱 건강하게 될 것이다. 이렇게 너는 수많은 목숨을 구할 것이다. 하지만 사람들이 너를 먹으려고 할 때는 너에게 미리 알려주지 않을 것이다. 그러나 네 고기는 아주 맛있고 영양도 많기 때문에 사람들은 너를 소중히 여길 것이다."

바로 이런 이유로 안데스 산지의 모든 마을에는 항상 아궁이 옆에 기니피그가 자리잡았고, 중요한 행사가 있을 때마다 기니피그 요리가 빠지지 않았다.

## 당나귀

당나귀는 모든 짐승들이 아기의 탄생을 함께 기뻐하는 모습을 보자 너무도 감격하여 어쩔 줄 모르고 펄쩍펄쩍 뛰며 소리를 질렀다. 너무 요란스럽게 소란을 피운 나머지 아기뿐만 아니라 그곳에 있던 모든 사람과 동물들이 깜짝 놀랐다. 요셉은 입술에 손을 갖다 대고 '쉬이이잇!' 소리를 내며 조용히 하라고 했다. 그러나 당나귀는 전혀 아랑곳하지 않았다. 화가 난 요셉은 당나귀 귀를 붙잡고서 뛰지 말라며 여러 번 큰 소리를 질렀다. 그러나 당나귀는 그칠 줄을 몰랐다. 요셉은 당나귀 귀를 더욱더 세게 잡아당겼다. 바로 그 순간부터 당나귀는 귀가 커졌으며, 말뜻을 제대로 이해하지 못하는 모든 사람에게 '당나귀'라는 이름을 붙여주게 되었다.

냉정을 되찾자 당나귀는 자신의 행동이 너무나 창피했다. 그는 고개를 숙인 채 다른 동물들의 경멸 어린 시선을 견뎌내야 했다. 그러자 요셉은 이렇게 축복을 내렸다.

"당나귀야, 네가 가장 천한 짐승이라고 생각하지 말아라. 너는 살인자의 손에서 이 아기를 구할 것이다. 이 아기가 백성들의 환호성을 받는 모습은 단지 너만 볼 수 있을 것이다. 그 누구도 너처럼 강인하지 않을 것이고……"

이런 찬사를 들은 당나귀는 감정을 억제하지 못하고 다시 일어나 소리를 지르며 펄쩍펄쩍 뛰기 시작했다. 그러자 요셉은 다시 당나귀의 귀를 잡고 이렇게 말했다.

"그러나 너는 영원히 당나귀처럼 살 것이다."

요셉이 마지막 축복을 내리려다 만 것이 무엇인지는 알 수 없다. 또한 실제로 그 축복이 이루어졌는지도 알 수 없다.

## 검은 말벌

마리아가 예수에게 젖을 주고 있을 때, 갑자기 '와칙와칙'이라 불리는 검은 말벌이 나타났다. 말벌은 마리아가 그의 젖을 가릴 틈도 주지 않고, 화살처럼 달려와 벌침을 쏘았다. 너무 놀란 아기와 마리아는 거의 동시에 비명을 질렀다. 그러자 말벌은 오른쪽 가슴에 독침을 남긴 후 급히 도망쳤다. 침을 맞은 마리아는 고열에 시달렸으며 독침으로 벌겋게 부어오른

젖을 아이에게 줄 수도 없었다. 그 동안 아기는 다른 음식으로 배고픔을 달래야만 했다.

이 사실을 알게 된 요셉은 말벌을 엄하게 꾸짖으며 이렇게 말했다.

"지금부터 너를 보는 사람은 모두 네가 아기의 어머니에게 한 일을 떠올리며 너를 죽일 것이다. 너를 죽이는 사람은 영원한 영광을 누릴 것이다."

그 이후부터 사람들은 말벌이 성모 마리아에게 독침을 쏘았듯이 우리에게도 독침을 쏠 것이며 먼저 와칙와칙을 죽여버렸다.

## 뱀

어느 날 마리아는 예수를 등에 업고서 요셉이 모는 당나귀에 올라 길을 가고 있었다. 그런데 갑자기 뱀이 나타나 급하게 그들이 가던 길을 지나갔다. 당나귀는 깜짝 놀라 펄쩍 뛰었고, 마리아는 우거진 덤불 위로 떨어지고 말았다. 다행히 놀란 것만큼 충격이 크지는 않았다.

정신을 차린 요셉은 뱀을 찾았다. 뱀은 길가의 돌 아래 숨어 있었다. 요셉은 지팡이를 내리치며 이렇게 나무랐다.

"뱀아, 우리가 지날 때까지 기다리기가 그토록 힘들었느냐? 무책임하고 경망스런 행동으로 너는 영원히 쫓기는 몸이 되고 사람들의 미움을 살 것이며 너를 죽이는 사람들은 하늘의 영광을 받을 것이다. 또한 너 때문에 떨어진 여자가 언젠가 네 머리를 밟을 날이 올 것이다."

뱀은 조용히 요셉의 꾸지람과 벌을 듣고 있었다. 그리고 요셉의 말이 끝나자마자 숨을 곳을 찾아 도망갔다.

요셉은 덤불로 다가갔다. 마리아는 그 줄기 아래에서 아기와 함께 쉬고 있었다.

요셉은 어머니와 아기가 땅에 부딪히지 않도록 때마침 가지를 뻗쳐 구해준 풀에게 감사하다고 말하며 이렇게 축복을 내렸다.

"착한 풀아, 너는 축복을 받을 것이다. 너의 푸른 잎사귀는 열을 내리고, 전염병을 치료할 것이며, 너의 검은 과실은 잉크로 사용될 것이다."

케추아어로 '릴클릴'이라는 이름을 지닌 이 풀은 이 순간부터 '성스런 풀'로 불리게 되었다. 우리 모두는 아플 때마다 지금은 박하라고 일컬어지는 이 약초의 도움을 받아 병을 치료한다.

## 황금 수선화

한 젊은이가 다른 청년들처럼 열심히 일을 하고 있을 때였다. 그는 높은 곳으로 올라가 가축들을 보살피며, 패랭이꽃처럼 불그스레한 얼굴로 돌아오곤 했으며 가끔 어깨에 땔감을 짊어지고, 그 위에 어머니에게 주기 위해 풀로 둘둘 말은 황금 수선화를 가져오곤 했다. 그러면 어머니는 행복한 표정으로 아들의 향내와 아름다움을 간직한 그 꽃을 받았다. 어느 날 청년은 어머니가 자식처럼 사랑하던 수선화 뿌리를 심고서, 그것을 쿠리아망카이(황금 수선화)라고 불렀다.

이 청년은 당시 팽배하던 사회 부정을 비판했다. 많은 사람들은 그의 말을 주의 깊게 들었으며, 그의 말이 옳다고 생각했다. 그러나 몇몇 사람들은 이 이야기를 권력자들에게 전했다. 처음에 그들은 화가 치밀어 목이 쉴 정도로 소리치며 침을 뱉는 것으로 끝냈지만, 청년이 위험하고 선동적인 말을 계속하자 그의 입을 다물게 하기로 결정했다. 그의 어머니는 이런 일이 일어나리라는 것을 짐작하고, 아들에게 잠자코 있을 것을 부탁했다. 그러나 그의 말이 지극히 옳다는 사실을 알고 울음을 터뜨렸다. 이 모습을 본 아들도 함께 울었다. 그들의 눈물은 보잘것없는 식물의 꽃잎에 떨어졌고, 그 식물은 꽃잎을 펼치면서 울었다. 그 이후부터 황금 수선화는 계속해서 우는 모습을 하고 있게 되었다.

계획이 세워지자, 권력자들은 경찰을 보내 그를 체포했다. 그리고 그를 심판한 후 감옥에 가두었고, 공공 질서와 국가 보안을 어지럽혔다는 혐의로 사형에 처했다.

황금 수선화는 청년이 탄압받고 있는 동안, 슬픔에 잠긴 어머니의 마음을 달래기 위해 꽃을 피웠다. 아들의 상징인 황금 수선화가 내내 꽃을 피웠다는 것은 권력에 대한 도전을 의미하였다. 이후 사람들은 수많은 산에 황금 수선화를 심었고, 이 꽃은 사회 부정에 항거하여 세상을 떠난 청년의 죽음이 헛되지 않았다는 사실을 사람들에게 일깨워주었다.

지금까지 사람들은 이 꽃을 몹시 소중히 여기며, 정의를 부르짖으며 죽은 젊은 청년을 쿠리아망카이, 혹은 황금 수선화라고 부른다.

# 우리가 모르는 세상

"형님, 저 별은 왜 항상 이곳에서 나와 저곳으로 가는 거죠?"

우리 부락의 최고 지도자인 형은 한번도 귀신을 보거나 수파이를 만난 적이 없었다. 그는 웃으며 나를 바라보았다. 이제 내가 별들에 관해 알 나이가 되었다는 듯한 표정이었다. 형은 나를 자기 옆에 앉히더니 다정한 목소리로 이야기하기 시작했다.

"많은 사람들이 이 세상만이 유일하고 다른 세상이 있다는 사실을 부정하지만, 우리 키타락사의 사람들은 오래 전부터 우리보다 뛰어난 존재들이 우리를 찾아왔었다는 사실을 알고 있어."

"우리보다 뛰어난 사람들이 누군데요?"

나는 관심을 보이며 그에게 물었다.

"구태여 특정한 형태로 나타날 필요가 없는 사람들이지. 지금 이 순간에

도 그들은 우리 옆에서 우리를 바라보고 우리 이야기를 듣고 있을 수도 있어. 그들은 물질적인 형태를 취하지 않고도 존재하는 사람들이야. 다른 말로 하자면 우리가 손으로 만지고 볼 수 있는 육체를 필요로 하지 않는다는 말이야. 식물이건 동물이건 심지어는 돌도 그들의 영혼을 표현하는 매개체일 수도 있는 거야. 그럼 내가 할아버지에게 들은 이야기를 해줄게."

"언젠가 젊은 청년이 파츠마에 도착했어. 그런데 광활하게 펼쳐진 불모의 땅을 보자 길에서 만난 모든 사람들에게 북쪽의 강에서 물을 끌어와 쓰면 훌륭한 땅이 될 것이라고 말했어. 사람들은 그가 말한 대로 했고, 그래서 얼마 되지 않아 밭을 가는 데 충분한 물을 확보할 수 있게 되었지. 이렇게 황량했던 파츠마의 땅에는 옥수수와 치리모야, 파파야, 아보가도, 고구마, 유카를 비롯한 많은 식물들이 자라나게 되었지. 하지만 이후 세대들은 그들의 조상들이 어떻게 물을 공급받았는지 까마득하게 잊어버렸어. 밭이 주는 풍성한 수확물로 그들은 날이면 날마다 성대한 축제를 벌이며 지칠 때까지 먹고 마시는 게 일과였지.

그렇게 오랜 세월이 지났어. 그날도 모든 마을 사람들이 술에 취해 춤을 추며 파티를 벌이고 있었지. 그런데 가난하게 보이는 늙은 이방인이 도착했어. 그는 긴 여행으로 너무나 피곤했던 탓인지 제대로 발을 옮길 기력도 없었지. 그는 거의 하루종일 마을 사람들을 쳐다보고 있었지만, 아무도 그에게 관심을 두지 않았어. 또한 아무도 뜨거운 더위를 식히라면서 막걸리 한잔도 권하지 않았으며, 음식 한 쪼가리도 갖다주지 않았어. 또한 자기 집에 와서 하룻밤을 쉬라고 초대하는 사람도 없었지. 저녁이 되자 노인은 자기가 왔던 길로 되돌아갔어. 마을에서 꽤 멀리 오자, 그는 잎이 무성한 쥐엄나무 밑에서 잠시 쉬고 있었지. 그때 키타락사에서 오던 한 여인이 그곳에 도착했어. 그녀는 쥐엄나무 그늘에서 쉬고 있던 가난한 노인에게, 자기가 갖고 있던 옥수수를 주면서 함께 나누어 먹자고 했어. 그리고 태양이 검은 산맥 뒤로 숨으면, 혼자서 여행을 하지 않는 것이 좋다고 일러주었지.

'걱정 마시오, 부인. 내 친구들이 곧 이리로 올 겁니다. 그러면 우리는 함께 여행을 떠날 겁니다.'

'파츠마 사람들은 축제를 벌이면서도 당신에게 먹을 것도 주지 않고, 잠자리도 제공하지 않았나요?'

'축제에 너무 전념하고 있어서 그런지 이방인을 소홀히 접대하더군요. 하지만 이제 그들의 삶을 풍족하게 해준 물이 곧 말라버릴 겁니다. 이제부터 그들은 예전처럼 빗물에만 의존해서 농사를 짓게 될 겁니다. 그들은 가시 많은 용설란처럼 인정이 메마른 사람이 될 겁니다. 또한 그곳 여인들은 그곳의 날씨처럼 뜨거운 열정에 넘치게 될 겁니다. 하지만 키타락사 사람들은 배고파서 고생하는 법은 절대로 없을 겁니다. 그들은 곳곳에 풍부한 물을 갖게 될 겁니다. 우리의 창조주 파차카막은 이방인을 환대하는 마을을 절대로 잊지 않으십니다. 마음씨 착한 부인, 하지만 지금 우리가 이야기한 것은 혼자서만 알고 있어야 합니다. 아무에게도 말해서는 안 됩

니다.'

여인은 자기 마을에 축복을 내려주어 고맙다고 말했어. 그리고 파츠마에 닥칠 불행에 관해서는 일언반구도 하지 않았지.

다음해에 파츠마에는 커다란 비가 내려 강물을 끌어오던 수로가 파괴되고 말았어. 하지만 파츠마 사람들은 그 물이 얼마나 필요한지 알지 못했고, 따라서 급히 수로를 고쳐야 한다는 생각을 하지 않았지. 마침내 다시 커다란 비가 내려 남은 수로마저 완전히 휩쓸어버렸어. 그때부터 파츠마는 물 때문에 고통받는 땅으로 전락했고, 항상 빗물에 의존해서만 살게 되었지. 비가 오지 않는 계절이 오면 사람들은 10킬로미터나 떨어진 계곡에서 물을 길어와야 했지. 그런 걸 원치 않는 사람들은 깊은 계곡 속으로 들어가 살거나, 아니면 다른 곳으로 떠나야만 했어. 그러니까 5월부터 12월까지 파츠마는 사람 없는 집만 가득한 마을이 되었던 거야. 단지 그때까지 살아남은 몇 개 안 되는 치리모야만이 그곳이 예전에는 물이 풍부한 곳이었음을 말해주는 유일한 증거였지.

파츠마에 왔던 노인은 이전에 그곳에 와서 사람들을 도와주었던 바로 그 청년이었어. 그는 우리가 모르는 다른 세계에서 온 뛰어난 존재였던 거야.

언젠가 한번은 내가 파츠마에서 키타락사로 가고 있었어. 그런데 밤이 되어 파르와에서 하룻밤을 보내게 되었지. 나는 그곳에서 내 소들이 풀을 뜯어먹기를 바랐어. 파츠마에는 모든 것이 메말라 있어서 먹을 것이 아무것도 없었거든. 소들이 멀리 갈지도 모른다는 불안한 생각에 잠을 이룰 수가 없었어. 나는 다른 세상에 사는 친구들을 불렀어.

'어떻게 불렀어요? 케추아어로 불렀나요, 아니면 스페인어로 불렀나요?'

난 케추아어로 불렀어. 하지만 그들에게 언어란 그리 중요한 것이 아니야. 그들은 모든 사람이 이해할 수 있는 언어로 말하고, 너는 그들의 말을 네가 쓰는 말로 이해할 수 있거든. 언어가 다르다는 것은 별로 진화되지 못한 우리 같은 인간들이 지닌 문제일 뿐이야. 나는 그들에게 이렇게 말했어. '다른 세상의 형제들이시여, 나는 이 산에서 혼자 내 가축들을 돌보고 있습니다. 그러니 내 앞에 모습을 드러내고 싶으면, 나타나도 좋습니다.'

'그래서 나타났어요?'

말이 채 끝나기도 전에, 만년설에서 한 줄기 환한 빛이 나타나더니 내가 있는 곳으로 내려왔어. 나는 감격했지. 그래서 빛이 사라질 때까지 수많은 것들을 이야기하며 편안히 잠들었어. 서리가 내리는 곳이었는데도 한번도 추위를 느껴보지 않고 잠을 잤어. 참 이상한 일이지. 그리고 시끄럽게 지저귀는 새소리 때문에 잠을 깼는데, 이미 날이 훤히 밝아 있더군.

'그들은 영혼들과 교류하나요?'

물론이지. 하지만 착한 영혼들만 상대해. 가끔 우리가 혼자 만년설로 뒤덮인 산으로 걸어갈 때면, 누군가가 휘파람을 불거나 심지어는 네 이름을 부르는 경우도 종종 있어. 우리 할아버지는 그것이 영혼이거나 수파이라고 말해주지. 하지만 나는 다르게 생각해. 그들은 우리가 모르는 세상에서 와서 우리와 대화를 나누려는 뛰어난 존재인지도 몰라. 그러나 이런 일은 누구에게나 일어나지도 않고 아무 곳에서나 생기지도 않아. 그것은 항상 특정한 장소나 특정한 사람에게만 일어나는 법이야. 그들에게 겁을 먹을 필요도 없지만, 호기심만 갖고 그들에게 접근해서도 안 돼. 준비하지 않은 채 그들을 만나면, 큰 해를 입을 수도 있거든. 우리 이모는 이런 목소리를 가장 잘 듣거나 이런 사람들의 상징을 가장 잘 보던 사람이었어. 그녀는 마을로 돌아와 자기가 본 것에 대해 이야기했는데, 사람들은 너무나 황당하다고 생각한 나머지 그녀를 미쳤다고 여겼지. 그런데 어느 날 이모가 아침 이른 시간에 집으로 와서 이렇게 말했어.

'어서 카이쿠로 가세요. 콘도르 두 마리가 이마에 흰 점에 있는 송아지를 잡아먹으려고 해요.'

이 말을 들은 아버지와 나는 카이쿠에 있는 우리 소가 새끼를 가졌다는 사실을 떠올렸어. 우리는 식탁에 차려진 아침을 입에 대지도 않고 급히 그곳으로 갔어. 그런데 암소가 다리 사이로 방금 태어난 송아지를 품고 있는 것이었어. 콘도르 두 마리가 계속해서 송아지를 낚아채려고 하고 있었거든. 우리는 콘도르를 보자 소리를 지르며 쫓아냈어. 점심 무렵 나는 암소를 끌고, 아버지는 이마에 흰 점이 있는 송아지를 둘러메고 집으로 돌아왔지. 집에 도착하자 가장 먼저 이모에게 고맙다는 말을 한 다음, 어떻게 그런 사실을 알았느냐고 물었어. 그러자 이모는 아무일 아니라는 듯이 태연스럽게 대답했지.

'오늘 새벽 이곳으로 오는 도중 루리 골짜기에서 들었어요. 거기에서 그

렇게 말하고 있더라구요.'

　하지만 널리 전하지 말아야 할 것도 있어. 우리가 모르는 또 다른 세상이 있다는 것을 믿지 않는 사람은 단지 신기한 것에만 관심이 있거든. 그래서 이런 성스런 현상을 더럽히는 경우가 많지."